MAKE PEOPLE LIKE YOU AS SOON AS YOU OPEN YOUR MOUTH

一开口就让人喜欢你

弘丰　编著

吉林文史出版社
JILINWENSHICHUBANSHE

图书在版编目(CIP)数据

一开口就让人喜欢你 / 弘丰编著 . -- 长春: 吉林文史出版社, 2019.4(2023.6 重印)

ISBN 978-7-5472-6089-0

Ⅰ . ①一… Ⅱ . ①弘… Ⅲ . ①语言艺术-通俗读物 Ⅳ . ① H019-49

中国版本图书馆 CIP 数据核字(2019)第 063425 号

YI KAI KOU JIU RANG REN XIHUAN NI

书　　名　一开口就让人喜欢你

编　　著　弘　丰

责任编辑　王丽环

封面设计　末末美书

出版发行　吉林文史出版社

地　　址　长春市福祉大路出版集团 A 座　**邮编:** 130118

网　　址　www.jlws.com.cn

印　　刷　唐山玺鸣印务有限公司

开　　本　880mm × 1230mm　1/32

印　　张　8

字　　数　190 千

版　　次　2019 年 4 月第 1 版

印　　次　2023 年 6 月第 3 次印刷

书　　号　ISBN 978-7-5472-6089-0

定　　价　35.00 元

PREFACE

前　言

身在这个时代的职场中，我们都是与时间赛跑的追梦人，尽管我们拼尽全力向前奔跑，仍旧摆脱不了随时被时代抛弃的风险。就像罗振宇在2018年跨年演讲《时间的朋友》中所说：以前，变化可能只是生活的一部分，现在变成了生活本身。

每个人在时间面前都是平等的，我们可以用时间抱怨自己没有出生在一个富裕的家庭，也可以用时间抱怨周围没有贵人相助，当然，我们更可以用时间为让自己做出改变，将命运掌握在自己手中。在改变命运的过程中，掌握语言技巧，做到一开口就让人喜欢你，是一种必须掌握的技能，纵观各国名人、大师的成名之路，很容易发现一个共同特征，那就是他们都是话术大师，由此可见会说话的重要性。

一个人想要在社会上拥有立足之地就应该懂得沟通的重要性。沟通并不是一个简单的抽象动词，而是人们日常生活中主要的行为之一。沟通是为了一个设定的目标，把信息、思想和情感，在个人或群体间传递，并且达成共同协议的过程。一个人从早上起床到晚上睡觉，其间的十数个小时都是在沟通中达成生存的目的。通俗地讲，沟通是人与人之间打交道的过程，可以说，由沟通促成的人际交往直接影响到我们的人际关系和生存质量。

会说话的人不仅能侃侃而谈，而且能使对方听得津津有味；不会说话的人自己虽然滔滔不绝，却令其他人感觉索然无味。和会说话的人交流，是智慧的碰撞；和不会说话的人交谈，是心灵的煎熬。会说话，可以让我们在职场中脱颖而出，因人格魅力而处处受到欢迎。

口才大师戴尔·卡耐基曾经说过："好口才是社交的需要，是事业的需要，是生存的需要。它不仅是一门学问，还是你赢得事业成功常变常新的资本。"改变，从学着与人沟通开始。毫无疑问，一个自说自话、语意含糊、言辞突兀，缺乏表达技巧和沟通艺术的人，纵使满腹经纶也难以得到人们的赏识，晋升无缘，梦想难圆。

想要提升生存质量，离不开贵人相助和优质的人际关系网。要想打开人际关系被动的局面，就须要我们修炼情商，提高说话能力，提升沟通技巧。

有人说，一个人要想建立良好的人际关系，就必须学会有效运用沟通技巧，掌握沟通的特点，并随时有效地与人接触沟通，在实践中不断提高自己的沟通技巧，扩大自己的知识面，提高专业知识水平。这样，我们才能在与人交往时有较清晰的思路，得体的语言及行为，从而让我们在人际交往中更加游刃有余。

本书通过生动典型的案例和通俗易懂的语言，汇集心理学、人际关系学、语言学、商务谈判等诸多内容，将理论指导与实践操作紧密结合在一起，从幽默、赞美、拒绝、沟通误区等诸多细节方面展开论述，旨在帮助读者提高说话情商，走出表达误区，掌握说话的基本原则和技巧。相信通过阅读本书，读者能从中获得不小的收获。从容不迫地开口说话，成为一个处处受欢迎的人。

CONTENTS

目　录

MAKE PEOPLE LIKE YOU AS SOON AS YOU OPEN YOUR MOUTH

第一章

初步认识口才，你也可以口吐莲花

意大利著名诗人但丁说过：语言作为工具，对于我们之重要，犹如骏马对于骑士那样重要。语言艺术，蕴含着文化修养，体现着说话的技巧。口才也是一门非常讲究语言智慧和语言技巧的艺术。置身在各种复杂的交际场合中，要想把话说得婉转动人，有理有趣，引人入胜，就须要学好并妙用沟通技巧。

良好的沟通是圆满做事的前提

职场中有个现象：那些能力平平但口才出众的人，在职场发展或事业成就方面，大都比能力很强但笨口拙舌的人要好得多。其实，在这种看似不正常的现象背后，存在着某种合理的逻辑，即那些沟通能力比较强的人，会更容易获得他人的赏识与认可，从而得到更多的发展机会；而那些不善言谈的人，虽然自身能力不差，但是因为不善沟通，导致能力被埋没，甚至自身发展缓慢，人际关系紧张。

说话水平的高低直接决定办事结果

生活中有很多因为懂得怎样说话而比别人少走弯路的人，光是说几句话就可以影响办事结果，让事情朝着对其有利的方向发展。可以说，说话水平的高低不仅直接影响事情的发展走向，而且决定人际关系的发展优劣。

一天，一位师父开车带徒弟去乡下的河边拉沙子。乡下的路崎岖不平，路面上都是沙子和小石块。在回去的路上，“嘭”的一声，汽车爆胎了。虽然他们带了备用轮胎，但是忘了带千斤顶，没办法，师父只好让徒弟向路边的住家借。

临走之前，师父在徒弟耳边说了几句话，徒弟看了看师父，将信将疑地朝路边的一户人家走去。果然，没过多久，徒弟抱着千斤顶回来了，他高兴地对师父说：“师父，一切都跟您说的一样，您简直神机妙算！”

原来，徒弟走到那户人家的房子门前敲门，开门的是个中年男子，从他不耐烦的模样可以看出他不那么好说话，于是徒弟按照师傅的吩咐，笑着说道："又有事要麻烦您帮忙。"中年人看了看这个陌生的年轻人，疑惑地问："我想我并不认识您，您怎么说又需要我的帮助呢？"徒弟回答："您家就在马路边上，尽管您没有帮助过我，但一定帮助过不少人，所以，对您来说，是又有事需要您帮助了。"中年人听了徒弟的话，嘿嘿一笑，问道："说吧，你有什么需要我帮忙的？"徒弟这才说："我的车子爆胎了，我虽然带了备用轮胎，但是忘了带千斤顶。我想，曾经肯定有人也像我一样跟您借过千斤顶换轮胎，所以我也想跟您借一下千斤顶。"不过中年男人自己并没有车，所以他没有千斤顶，可他听了徒弟的话，觉得不帮忙似乎有点儿说不过去，于是放下手上的事，对徒弟说："虽然我没有，但是我知道谁有，走吧，我带你去借。"于是中年人骑上摩托车带徒弟走了很远的路，来到一个朋友家借到了千斤顶，徒弟谢过中年人之后，便高高兴兴地拿着千斤顶走了回来。于是，也就出现了开头的那一幕。

事后，徒弟还是有些迷惑，问师傅："为什么那个人本来很忙，也没打算帮忙，但是因为我说了您教我的那几句话，他反而尽心尽力地帮助我呢？"师傅笑了笑，说道："这就是说话的艺术。如果你第一句话就问他，'您有没有千斤顶，能不能借我用一下'，那么结果恐怕就是一句'没有'。但是如果你先肯定他帮助过别人的善意，那么结果就大不一样了。你已经先表达了感谢并称赞了他助人为乐的精神，他自然也就不好意思把你拒之门外了。"徒弟点了点头，连连称赞师傅的水平高。

故事中的师父充分掌握了中年男子为善欲为人知的心理，先肯定了他曾经做过很多好事，帮助过许多像自己一样的路人，让中年男子觉得，自己既然帮助了那么多有需要的人，理所应当地也应该帮助眼前的这个人。

良好的沟通是圆满做事的前提

机会来了，有的人沉默，不敢争取；有的人舌战群雄，全力把握。这就是差距。沉默的人只能看着机会被人抢走，而口才绝佳的人总能在一言一语中顺利抓住机遇。好的口才不仅对个人有用，对国家也有很大的影响。

1939年10月11日，在美国白宫萨克斯与总统进行了一次具有历史意义的交谈。美国经济学家萨克斯受爱因斯坦等科学家的委托，说服罗斯福总统重视原子能的研究。

萨克斯先向总统面呈了爱因斯坦的建议信，接着读了科学家们关于核裂变发现的备忘录，可是罗斯福听不懂那艰深生涩的科学论述，反应十分冷淡。最后，萨克斯只好心灰意冷地向总统告别。这时，罗斯福为了表示歉意，邀请他第二天来共进早餐，这无疑又给了萨克斯一次机会。

他整夜在公园里徘徊，苦苦思索着说服总统的办法。第二天早上7点，萨克斯与罗斯福在餐桌前共进早餐。他还未开口，罗斯福就以攻为守："你又有了什么绝妙的想法？你究竟需要多少时间才能把话说完？"总统把刀递给萨克斯时又说："今天不许再谈爱因斯坦的信，一句也不许谈，明白吗？"

"我想讲一点儿历史，"萨克斯看了总统一眼，见总统正含笑望着自己，便接着说："英法战争时期，在欧洲大陆上不可一世的拿破仑，在海上却屡战屡败。这时，一位年轻的美国发明家富尔顿来到了这位法国皇帝面前，建议把法国战舰的桅杆砍断，撤去风帆，装上蒸汽机，把木板换成钢板。可是，拿破仑却想，船没有帆就不能走，木板换成钢板就会沉没，于是，他把富尔顿轰了出去。历史学家们在评述这段历史时认为，如果当时拿破仑采纳了富尔顿的建议，19世纪的历史就得重写。”萨克斯说完后，目光深沉地注视着总统。

罗斯福沉思了几分钟，然后取出一瓶拿破仑时代的法国白兰地，把酒杯递给萨克斯，说道：“你胜利了。”

会说话的人有时仅须要说简单的几句话，就可以改变一件事情的原有结果。若是没有萨克斯的好口才打动罗斯福总统，美国的历史也许会重写。

人与人之间的关系维护，在职场中尤为重要，而“沟通”正是其中重要的一环。特别是在现代社会中，走仕途也好，经商也罢，都必须与人沟通合作，若没有好口才保驾护航，即使才华出众，也免不了会吃不善言辞的亏，走不必要的弯路。总之一句话，在人生的竞技场中，光干不说，是傻把式；光说不干，是假把式；既能干又能说，才是真把式。

善于沟通，助你走向成功

美国人类行为科学研究者汤姆士指出：“说话的能力是成名的捷径。它能使人显赫，鹤立鸡群。能言善辩的人，往往使人尊敬，受人爱戴，得人拥护。它使一个人的才学充分拓展，熠熠生辉，事半功倍，业绩卓著。”说好话是维系人际关系的纽带，善于沟通是获取成功的关键。

好口才是解决问题的有力保障

我们每天都要处理很多事情，或者和自己有直接关系，或者与自己身边的人有关。如果我们处理不好，就会让我们的生活陷入被动的局面，如果我们善于与他人沟通，就会拥有出色的解决问题能力，这无疑会给我们的生活和事业带来锦上添花的效果。

1940年，英国处在欧洲反法西斯的最前线，由于黄金已经枯竭，根本无力按照“现购自运”的原则从美国手中获取军事装备。作为英国的重要盟友，罗斯福深知唇齿相依的道理。在反法西斯战争旷日持久的情况下，美国全力支持英国是理所当然的事情。

但是，美国国会一些目光短浅的议员们只盯着眼前利益，丝毫不去关心反法西斯盟友和欧洲糟糕的战局。罗斯福认为，应该说服他们，使《租借法》顺利通过，全力支持英国。为此，当年12月17日，罗斯福举行了一个意义重大的记者招待会。

“尊敬的女士们、先生们！”在简要介绍了《租借法》以后，罗斯福紧接着用浅显的比喻来说明他的设想，“假如我的邻居家失火，在数百英尺外，我拥有一条浇花的水管，要是赶紧借给邻居拿去接上水龙头，就可能帮他灭火，以免火势蔓延到我家。但是，在借出前要不要跟他讨价还价？‘喂，朋友，这条管子得花十五美元，你得照价付钱的’。此时，十分火急，邻居哪能去找钱？我想，只要他灭火之后原物奉还，还是不要他十五美元为好。如果灭火后水管还好好的，他会连声道谢；如果他把东西弄坏了，他得照赔不误，我也不会吃亏的。”

罗斯福总统的比喻，举一反三，浅显易懂，即刻语惊四座，并经由新闻媒体报道，传遍全球。此番妙语不仅说服了议员们无条件支持《租借法》的顺利通过，而且还赢得了丘吉尔和斯大林等反法西斯国家首脑的高度评价。

好口才助力事业成功

事实上，一项事业的成败，常会在一次谈话中获得效果。如果我们出言不逊，与人无理地争吵。那么，我们将不可能获得别人的同情、别人的合作、别人的帮助。无数成功者的事实证明，善于说话是事业成功的催化剂，它直接影响事业的成败。

尼尔·鲍尔特，加州储藏室设计改装公司的创始人。一天，他为了赶往城外，在公寓前拦下一辆出租车。当他坐上车后，那位友善的司机便跟他攀谈起来。“您住的这个公寓真的很漂亮。”司机说。“嗯，是的。”尼尔·鲍尔特心不在焉地说。“我敢打赌，您的储藏室很小。”他很有把握地说。

听他这么一说，鲍尔特顿时来了兴趣：“你说得不错，它确实很小。”“那您有没有听说过给储藏室进行重新改装呢？”司机问道。“啊，我听说过。”鲍尔特饶有兴趣地答道。“事实上，开出租车只是我的业余工作，我真正的工作就是按照客户的要求为他们重新设计改装储藏室，以充分而有效地利用储藏室的空间。”司机解释说。接着，司机问鲍尔特有没有想过对家里的储藏室进行改装。

“这倒没想过，”鲍尔特答道，“不过我确实希望储藏室的空间能再大点儿。我听说有一家著名的公司也在做这种生意。”“您说的是加州储藏室设计改装公司吧，那确实是一家大公司。不过，他们能做的，我也一样能做，而且价钱还要比他们便宜得多。”他接着说：

"您可以打电话给加州储藏室设计改装公司，就说您须要对储藏室进行改装，他们会派人来进行估价。等他们估好之后，您让他们留一份设计图纸给您。他们肯定不会同意，不过，您就说是把图纸给您的妻子看，以征求她的意见，他们就会给您留下设计图纸。然后，您打电话给我，我保证可以和他们做的一样，而且价钱要比他们便宜30%以上。"

"听起来真是太有趣了。这是我的名片，如果你愿意光临我的办公室，我们可以好好谈一谈。"鲍尔特笑着说。司机接过名片一看，惊讶地突然转动方向盘，差点儿把车开到路边的小河里。

"哦，上帝，"他惊叫道，"您就是尼尔·鲍尔特！加州储藏室设计改装公司的创始人！我曾经在电视上见过您，当初就是因为觉得您的计划和想法非常好，我才做这一行的。"司机一边说一边从后视镜里仔细地打量着鲍尔特。

"我刚才就应该认出您的，真是对不起，鲍尔特先生，我刚才的意思并不是说你们公司的价格太贵，我也不是说……"司机显然有些始料未及。"别激动，我很喜欢你的风格和口才。你非常聪明，而且非常有进取心，我很欣赏这一点。你知道乘客都是你忠实的听众，因为他们不得不听你的宣传。而这样做是需要很大的勇气的，为什么不来找我呢？"鲍尔特说道。这位善谈的司机最后来到了鲍尔特的公司，并且还成了公司最优秀的业务员之一。

无论如何，要想成功，想出人头地，除了要具备专业能力，还必须有好的口才。口才已经成为成功的强有力支持，口才的好坏直接影响着一个人一生的生活优势及事业成败。好口才可以助你变危机为转机，化劣势为优势，也就是说好口才就是成功的敲门砖。

生意是做出来的，更是谈出来的

一个人不管有多聪明、先天条件有多好，如果不善于沟通，不懂与人相处之道，那么等待他的绝对不会是一条坦途。经商做生意更是如此，会不会说话，交际能力的高低，将决定一个人在生意场上的成败输赢，也决定着一个人在生意场上能够走多远。

与人交际是生意人的必修课

我们行走社会，就要与各种各样的人打交道，与人沟通是人生课堂的第一课。同样，做生意也要与各种各样的人打交道，不会说话，就不会做生意，与人交际是生意人的必修课。良好的沟通能力是保持人际关系交往顺畅的关键。

王鹏是一个刚涉足商海创业两年多的年轻人，他至今还记得他在即将毕业时，告诉父母要和朋友一起创业时父亲对他说过的话。父亲说："你知道在社会上立足的关键是什么吗？"王鹏默然，等着父亲把话说完。父亲语重心长地告诉他：在社会上与人打交道，特别要花心思。人与人之间，人情胜过实际。很多时候，会交际比会办事更重要。一个人缘好有声誉的人，凡事都可以轻而易举地办成。反过来，那些不擅交际的人就可能怀才不遇、处处碰壁。王鹏对父亲的忠告不置可否，事实上，他也是这么做的。两年多的经验和人脉积累，让他和朋友合作创办的公司慢慢走向正轨。

交际是一件很微妙的事情。有的人好像天生就有交际能力，他们总能在交际圈中左右逢源，在事业上取得成功，在生意上呼风唤雨，在经济上获取财富。不过，大多数人并不是天生就有这种受人欢迎的个人魅力，他们须要付出许多努力来培养这种受人欢迎的品质。

找到客户的兴趣点更能引起共鸣

做生意离不开推销，推销是面对面的交流艺术。在整个商业活动中，从吸引顾客到使对方解除疑虑，直至让客户为商品和服务买单，都离不开良好的沟通能力。善于沟通的生意人往往宾客迎门，财路通畅。

有一位著名的棒球运动员，在保险公司推销员的眼里是一个难于攻破的堡垒。因为他对保险、投保之类的事，根本不感兴趣。他对喋喋不休的推销员们很反感。

有一天，某位推销员又上门了。与别的推销员不同的是，进门后，他没唱那些令人生厌的老调，也没有宣传保险的好处，而是以一位相当在行的热心球迷身份来倾听对方大谈棒球。

他的倾听、他的插话、他的问题和那些简短的议论，都给这位职业球员留下了深刻印象。他被视为一位很有棒球运动员素养的同行交谈者。在一个适当时刻，推销员向球手提出一个关键的问题："你对贵队的另一位投手利里夫的评价如何？"

"利里夫，正是有了他，我才能放手投球的，因为他是我坚强的后盾，万一我的竞技状态不佳，他可以压阵。"

"请原谅我打个比喻，你想过没有，如果把你的家庭比作一个球队，你家庭也有个利里夫。"

"利里夫，谁？"

"就是你。"推销员谈锋正健，"你想想，你的太太和两个孩子所以能'放手投球'，换句话说，能无忧无虑地生活，就是因为有了你，你是他们坚强的后盾和幸福的保证。所以你好比他们的‘利里夫’。”

“你的意思是……”

“请你原谅我的直率，我是说人有旦夕祸福，万一你有个不测，我们就可以帮助你、帮你的太太和孩子。这样，你就可以放心地驰骋球场，绝无后顾之忧。所以，从这种意义上说，我们也是你的‘利里夫’。”至此，棒球运动员才知道和他对话者的身份，显然被感动了，这笔生意当场就拍板了。

与顾客初次见面，一定要抓住他们的兴趣和注意力。从顾客的兴趣着手，循趣生发，往往能顺利地进入正题。因为对方最感兴趣的事，总是最熟悉、最有话可说、最乐于谈的。兴趣和爱好可以激发共鸣。在推销过程中找到了客户的兴趣爱好，就是找到了共鸣，如此一来，离成功也就不远了。

掌握“和气生财”的营销策略

在竞争激烈的今天，企业要赢得市场和顾客，产品质量和款式是重要的，如再加上营销活动中始终和蔼可亲、服务周到，其生意必定兴旺发达，财源广进。反之，如果对顾客板着面孔，疾言厉色，哪怕其有质优价廉的产品，顾客也会敬而远之。所以，“和气生财”营销策略是现代商业企业走向成功的必经之路。

一次，几位从外地到广州出差的旅客，到某饭店用餐。他们一坐下，服务员就亲切地问：“各位喜欢吃什么菜，我们的特色菜可以给各位介绍一下。”其中一个顾客说：“我们带来了罐头，不要菜了，给我们来四碗白粥，八个馒头。”

服务员很快端来了白粥和馒头，还带来了碟子和罐头刀，说：

“这罐头要加热吧？”顾客说：“不用了。”服务员又要替顾客开罐头，其中的一个顾客坚持自己来。后来，服务员看见碟子上干巴巴的罐头肉，和几个小咸菜，便又建议客人添个凉菜。其中的女顾客说：“好！您真热情。”一行四人匆匆吃完了这顿饭。临走时，怀着一种深深的感激之情对服务员说：“您服务真周到，改天我们再来。”后来，这几个顾客多次带着各自的同事、家人和朋友来这家饭店聚餐，因为服务周到、菜品实惠，很多人成为这家饭店的常客。

每个人都有自己的想法，但是要记住，经商的要义在于和气生财。人脉是事业成功的关键，也是创业者成功的重要因素之一。所谓八面玲珑，自然财源广进。但从商人的势利眼光看去，并非每一个人都值得花时间和精力去交结，连孔子也教人“无友不如己者”，但一般来说，创业者尽量不要去得罪人，一定程度上说，与人为善是广结人脉的为商之道。

说话直指人心，一言顶万语

有价值的沟通在于用心交流，用心交流不在于说多少话，而在于是否将话说到对方的心坎上。当然，有效率的沟通是在第一时间直指对方所求，在开口之前就应该明白对方需要什么，什么样的话能够打动对方。善于沟通的人往往能用一句话直指对方内心。

开口一言，即得人心

“股神”巴菲特曾说：“如果一开口没有办法让别人觉得很舒服，那么生意将会变得很艰难。”加拿大的维斯尔斯公司对员工有一个硬性规定，那就是一定要对客户说好第一句话：“在开口之后，必须给客户留下最好的印象。”那些懂得说话的人，往往非常善于包装自己的第一句话，利用第一句话的优势来达到更好的交流效果。

美国心理学家洛钦斯提出过一个理论——首因效应，即第一印象作用，主要是指个体在社会认知过程中，通过第一印象的信息对客体以后的认知产生的影响作用。他强调了一个基本的观点：一定要在别人面前打造好第一印象，因为这会直接影响别人对自己的看法。

事实上，第一印象往往和个人的外在形象、言谈举止有关。尤其是言谈方面，一个人一开口说话，别人往往就会通过说话的方式来初步判断这个人的性格、学识、修养、能力。正因如此，说话的时候一定要懂得运用首因效应打造更好的个人形象，在第一时间就给对方打造一个更为舒适的交流环境。

著名企业家艾柯卡从福特公司辞职后，接受了克莱斯勒公司的邀请，出任总裁一职。那时候，克莱斯勒公司已濒临破产，公司接连换了好几任总裁，依然于事无补。艾柯卡发现，那些前任总裁都有一个共同点——每次接受任命后，便直接开会指出公司内部的问题，宣布公司准备改革。这种下马威式的开场白让公司里的管理者和老员工难以接受，在被开除的“危机感”的引导下，他们纷纷与新上任的总裁作对，直到对方知难而退，离开公司。

因此，艾柯卡上任后，先是在私底下会见了公司里的管理者和职工代表。他说：“今天，作为一个新人，我很荣幸自己能够站在这儿。尽管企业现在有一些困难，但是我相信大家一定可以共渡难关，我需要获得你们每一个人的帮助……”

这番话既表明了艾柯卡是一个平易近人的领导，又表明了他并没有开除员工的打算，在大家心中留下了一个很好的印象。同时，这些话也为艾柯卡的新工作开了一个好头，为他最终带领克莱斯勒公司走出低谷奠定了基础。

说话简洁，一言顶万语

睿智的人，说话时非常简洁，能给听者一种醍醐灌顶、豁然开朗的感觉。正所谓，浓缩的都是精华。有的时候，太多的话语会稀释语言的表现力，让听众感到难受。作为讲话人，须要在一开口时就吸引对方的注意力，在最短的时间内将自己的观点和想法表达出去。通常，真正睿智的人，说的话反而不多，因为他们讲究精练。

在央视的《赢在中国》栏目上，观众十分钦佩马云的能言善语。与很多能说会道的人不同，马云的每一次讲话都非常简短，但所包含的意义却很深远。每一次马云的讲话，都会使人想到“浓缩的就是精华”。马云在讲话时，虽然语速快，但是思维非常缜密。在马云的大脑中，形象思维与逻辑思维结合得恰到好处。

回答年轻人的提问时，马云说道：“如果是很小的公司，在印制名片的时候，把称呼放低一点儿，有可能赢得别人的尊重。”

对于那些遭受失败的年轻人，马云说道：“那些被狠狠 PK 过的年轻人，才是最有出息的！”

接着，马云又说道：“创业多年，麻烦事和倒霉事太多了。但是，总会有一些好的事情，要学会让自己开心。”谈起创业时的委屈，马云说道：“男人的胸怀，是靠着委屈一点一点撑起来的。”

可以看出，马云每一次的讲话都十分简短，但其透露的意思和力量却非常明显，能给创业者带来无穷的动力。在很多场合，滔滔不绝地讲话是最没有用的，往往只言片语的警示却能带来意想不到的效果。

在信息的接收过程中，人们会产生信息疲劳。这个时候，特别是在与人交谈时，长篇大论往往不能够引起别人的注意，而短小精悍的话语却能使人警醒。许多时候，语言的魅力，不在多，而在于精。精悍的语言虽短，却包含大量的信息，也容易让人接受。

说服他人要直击要害

说服他人，如果不击中要害，长篇大论只会让人感到厌烦，说再多的话，浪费再多的时间，也是做无用功。因此，想要成功说服他人，前提就是要找准着重点。所谓好钢要用在刀刃上，只有把话说到了点子上，才能达到实际效果。

1983 年，面对 IBM 迅猛的发展态势，乔布斯一手创立的苹果公司的市场份额迅速缩水。他急需寻找一个真正有实力且深谙管理和营销之道的领导者来出任苹果的 CEO。

乔布斯在董事会上力排众议，最终选中了时任百事可乐公司总裁的斯卡利出任此职。但是斯卡利似乎对苹果公司并不感兴趣，乔布斯为了让斯卡利加入苹果，他邀请对方躺在一处山坡上看云，随即说出了那段著名的话，这极具诱惑性的语言至今仍被人津津乐道："你是想卖一辈子糖水，还是跟着我们改变世界？"

后来斯卡利回忆说，当他听到这句话的时候他的心突然狂跳了起来，从来没有那么激动过，这句话改变了斯卡利的命运，也改变了乔布斯的命运轨迹。

虽然斯卡利装作若无其事的样子，并没有直接回答乔布斯的问题，但是随后他便成了苹果的CEO。

乔布斯用了一句话，激发了斯卡利这位高级经理人对更高目标的追求，进而加入了苹果公司。你费尽口舌去说服他人，就是因为他人所持的意见与你相左。如果想要别人接受你的观点，漫天不切实际的话语是不能让他人诚心接受的，所以，劝服他人要把话说到点子上。不同性格的人，要用不同的方式来说服。

情商高的人，懂得说令人舒心的话

美国演说家戴普说："世界上再没有什么比令人心悦诚服的交谈能力更能迅速获得成功与别人钦佩的了，这种能力，任何人都可以培养出来。"娓娓动听的话让人身心愉悦，刺耳难听的话让人避恐不及。情商高的人，都是有共情能力的人，他们说出的话常常会温暖人心，或者让人深受鼓舞。

别说令人添堵的话

善于沟通是一个人内在智慧的外在表现，会说话对一个人事业成功、生活幸福、人际关系和谐具有举足轻重的作用。生活中，不论是劝谏或是寒暄，我们都应该注意自己的措辞，与人沟通是为了增进与对方的关系，如果说出口的话让人感到难堪或者堵心，不如保持沉默。

早晨上班时，王萌在电梯前遇见了同部门的同事于丽，两人打过招呼之后，王萌觉得应该说点什么，她看了看于丽的裙子说道："小丽，你今天的裙子搭配这双鞋看着很别扭啊。网上不是说，有品位的穿着身上不该多于三种颜色，你看你这一身花里胡哨的。”王萌的一翻评论，引来了电梯里其他人的侧目，于丽看到大家投来的目光，一时感到无所适从，只能朝着王萌尴尬地笑了笑。

我们常说：“己所不欲，勿施于人。”如果我们说出的话是自己都不愿意听的，最好也不要把这样刺耳的话说给他人听。说话讲求方式，好话好好说，不好说的话转个弯说，这样说出来的话会让说话成为一件让自己和他人都享受的事。

说好话不如说巧话

与人沟通不是一件简单的事，我们天天都在说话，但并不是人人都会说话。千人千面，善于沟通的关键不是我们说了什么，而是我们说出来的话让听者体会到了什么。所以，善于沟通，小则愉悦身心，大则治国兴邦；不善沟通，小则招人怨恨，大则丧身殒命。

在一次联合国的会议上，菲律宾前外长罗慕洛与苏联代表团团长维辛斯基发生了一场激烈的辩论。罗慕洛批评维辛斯基提出的建议是“开玩笑”，维辛斯基立即采取了十分无礼之举。

维辛斯基说：“你不过是个小国家的小人罢了。”罗慕洛听后便站了起来，告诉联合国大会的代表说维辛斯基的形容是正确的，但他又接着说了下面一句话：“此时此地，将真理之石向狂妄的巨人眉心掷去——使他们的行为有些检点，这是矮子的责任。”罗慕洛的话博得了代表们的热烈掌声，而维辛斯基只好干瞪眼，什么话也说不出来。

有人曾说：“口才的力量，万夫莫敌，它比任何东西都有能力来统治这个世界。”罗慕洛就是通过这句巧妙的言辞为自己和自己的国家争回了面子，高情商的人一张口总是能做到一语中的。

聪明人都是打圆场的高手

只要我们身处这个社会，每天都要与人打交道，处理各种各样的事情。这些事情也许与我们自身有关，也许与周围的人有关，若处理不好，就会令自己被动，如果善于与人沟通，很多看似棘手的问题都会在说话间迎刃而解。

李莲英，清朝的大太监。他为人机灵、嘴巧，无论在什么样的场合，面对什么样的人物，他都能应付自如。因此，他深得“老佛爷”慈禧的喜爱。同时，李莲英也常常帮慈禧打圆场，摆脱困境。

慈禧爱看京戏，所以不断有戏班子进宫专门给老佛爷演出。慈禧喜怒无常，这些戏子们都提心吊胆。演得好了，老佛爷开心了，便赏赐他们一些小玩意儿，以示皇恩浩荡；演得不合她的胃口，他们时刻都有掉脑袋的危险。

一次，著名的京戏演员杨小楼率领他的戏班进宫给慈禧太后演出。这天，慈禧心情格外舒畅，看完戏后，把杨小楼召到跟前，指着满桌子的糕点说：“这些都赏赐给你，带回去吧！”哪有赏赐糕点的，何况慈禧这人极为奢侈浪费，她一顿饭能吃200多道菜，可想而知那些糕点也绝不会少，杨小楼心想：这么多糕点，我怎么带回去呀？

于是，便赶紧叩头谢恩道：“叩谢老佛爷，只是这些尊贵之物，奴才不敢领，请……另外恩赐……”

这话把周围的宫女、太监们都吓晕了，按慈禧的脾气，赏赐你的东西你不要，还敢要求另外赏赐，这不是自己找死吗？出乎意外，这天太阳从“西边”出来了，慈禧心情超出一般地好，并没有发脾气，只是问了一句：“那你要什么？”

杨小楼又叩头接着道：“老佛爷洪福齐天，不知可否赐个字给奴才。”慈禧听了，一时高兴，也想给大家露一手，便让太监笔墨纸砚伺候。只见她大笔一挥，一个硕大的福字就写成了。

让人万万没想到的是，慈禧的这出戏却演砸了。她把福字多写了一点。慈禧身旁的一位宫女眼尖嘴快，马上告诉了慈禧："老佛爷，福字是'示'字旁，不是'衣'字旁呀！"

杨小楼一看，确实是错了。这可怎么办？若是拿回去遭人议论，一旦传到慈禧耳中，不知又有多少人要蒙受不白之冤。不拿吧，慈禧动怒，自己不会有好下场。要也不是，不要也不是，他一时急得直冒冷汗。

现场气氛一下子变得紧张起来。慈禧也觉得为难，确实是自己写错了，不想让杨小楼拿出去丢人现眼，但自己也无法开口要回来重新写。

站在旁边的李莲英这时候眼珠子一转，不慌不忙地走向前，笑呵呵地说："老佛爷洪福齐天，她老人家的'福'自然要比世人的多一'点'了。要不怎么显示出她老人家的高贵呢？"

杨小楼一听马上会意，连忙叩首道："老佛爷这万人之上之福，小人怎敢领呢！"慈禧正愁没法下台，听这么一说，也就顺水推舟，笑道："好吧，那就隔天再赐你吧！"

实际上，社会上有很多不老实的人，经常会利用所谓老实人不会说话的缺点，占别人的便宜。这些不老实的人，虽说可恶，但善于尖嘴利舌，花言巧语，使他们往往在人际关系中左右逢源，更容易达到自己的目的。

好口才需要日积月累的磨炼

美国哲学家乔姆斯基认为，人的大脑天生拥有“语言习得机制”。并不是每个人都天生能言善辩，即使很多被大众熟知的名嘴，也不是在任何场合都能说得一口漂亮话的。会说话的人都是在一次又一次的经验中借着观察听众，逐渐掌握技巧，通过刻意练习，不断提升自己的说话能力的。由此可见，好口才是需要日积月累进行练习的。

好口才不是与生俱来

我国著名的现代诗人闻一多先生，是一名出色的演讲家。他的演讲之所以成功，与他年轻时刻苦练习分不开的。

1919年，闻一多在清华大学学习，从不间断演讲练习，一旦有所放松，他就立刻警觉起来。他常在日记里告诫自己：“近来学讲课练习又渐疏，不猛起直追恐便落人后。”“演说降到中等，此奇耻大辱也。”他坚持练习演讲，他在日记里写道：“夜出外习演讲十二遍。”“演讲果有进步，当益求精致。”“夜至凉亭练演说三遍”，回宿舍又“温演说五遍”，第二天他又接着“习演说”。

由此看来，即便是有成就的人，他们的才能也不是与生俱来的，而是经过一次次的刻苦练习获得的。说话和其他的才能一样，都需要日积月累，绝不可能一步登天。口才好的人，也是在一次又一次的训练中，逐渐掌握技巧，不断提升自己的说话能力。

想要成为一个谈吐优雅、临危不乱的交际自如人，没有什么捷径可走，需要我们把提高口语表达能力当作自己的一个目标，然后尽自己最大的努力去实现这个目标。相信只要努力，我们一定可以突破局限，练就好口才。

李妍刚大学毕业，找到了一份文员的工作。她的工作内容就是收发传真、接听电话、接待客户。在很多人看来，这是一份不用费脑力，再简单不过的工作了，但是对李妍来说却还是有些挑战。

李妍天生是一个内向型的姑娘，从小就不爱说话。没参加工作以前自己没觉得怎样，有时别人还夸她是个文静的好姑娘。可是自从工作以后，李妍明显感觉到工作上很吃力。自己不爱说话、不会说话的习性已经严重影响到了工作。比如收到传真后要交给领导，每次她走到领导办公室后都不知道该怎么说，领导一问，她更是结结巴巴地说不出一句完整的话；有客户打电话来咨询一些事情，她也总是说不明白，客户也是充满无奈和抱怨。

意识到自己的缺点已到了不改不行的时候，李妍首先报了一个语言学习班。从刚开始硬着头皮与人沟通，到不放过一切可以锻炼说话的机会，性格也随之变得越来越开朗。她一有机会就到法院的庭审现场去听律师之间的辩论，甚至连菜市场的商贩与客户间的讨价还价她都感兴趣。不到半年的时间，同事和领导都发现李妍变了，她再也不是那个半天说不清楚一件事的小姑娘了。

好口才是可以锻炼出来的，就像李妍一样，只要认真努力地学习，终会从一个不会说话的人变成一个能言善辩的交际高手。要想拥有好口才，必须刻苦勤奋、坚持不懈地努力练习，才会获得令人惊奇和瞩目的成功。因此，我们不应该放过任何一次当众练习讲话的机会。

想要好口才必须勤加练习

著名剧作家曹禺曾说：哪一天我们对语言着了魔，那才算是进了大门，以后才有可能登堂入室，成为语言方面的富翁。想要提高语言技能，我们可以从以下几方面勤加练习：

首先，想要学习说话，提高口语表达能力，平时就应多阅读，多思考。俗话说"熟读唐诗三百首，不会作诗也会吟"，熟悉名篇佳作的精彩妙笔，则会获得丰富的词汇，自己演说和讲话时，优美的语言便可信手拈来。

其次，对于谈话的题材和资料，一方面要认真去吸收；另一方面要好好地去运用。懂得如何运用，可以使一句普通的话发挥出惊人的效果。学习吸收的目的是为了更好地应用，不能应用的吸收毫无意义。当然，在听到别人演讲或谈话中那些触动人心的话时，不妨在心中重复一遍，记在脑子里，久而久之，谈话的题材、资料就越来越多，说起话来也就越来越条理清晰，出口成章。

再次，知识贫乏是造成语言贫乏的重要原因。如果我们不想让自己成为井底之蛙，就应静下心来努力学习，拓展自己的视野。若不想说话空洞无物，就应下决心积累大批的、雄厚的、扎实的知识，武装自己的头脑，丰富自己的说话内容。

最后，生活是语言最丰富的源泉。要使自己的语言丰富起来，一个闭门造车，与外面世界没有接触的人，是很难如愿的。老舍曾说："从生活中找语言，语言就有了根。"这话含有很深刻的道理。想要提高表达能力，就要不断提高自己观察生活、思考问题时的敏锐性，丰富自己的学识与经验，并增强想象力与敏感性。随着表达能力的提高，我们的生活也将丰富多彩，整个人的个性素质和各方面的能力都会提高，从而成为一个说话高手。

语言是一门交流的艺术，这意味着说话的人应该站在听者的角度选择自己的讲话方式和内容，并根据听者的反映和要求做出相应的调整。关于说话方面的技巧，我们要学习的东西很多，必须坚持长期学习才行，只有这样我们才能掌握熟练的说话技巧与人沟通。不要怕出错，坚持并循序渐进的练习，不仅是要点，也是关键。

诺言不轻许，一诺值千金

法国心理学家皮埃尔认为，愉快交谈是人际关系的第一重升华，承诺是人际关系的第二重升华，兑现诺言是人际关系的第三重升华。由此可见，承诺是影响人际关系非常重要的环节，是关系个人口碑的重要因素，绝不能随意对待。

唐代李白有诗云：一诺许他人，千金双错刀。双错刀就是以前的刀币，是货币的一种，这两句诗的意思是说，答应别人的事情，就如同千金般贵重，自己承诺过他人的话，要排除万难，努力兑现。如果不是自己力所能及的事情，就不该对他人轻许诺言。

得黄金百两，不如得季布一诺

楚汉之争时，项羽麾下有一将士名季布为人爱戴。民间盛传：得黄金百两，不如得季布一诺。因为季布言出必践，信守承诺。因此名声，季布才得众人相助，幸免于难。

公元前202年，西楚霸王项羽自刎于乌江，刘邦继皇帝位。那些曾经与刘邦站在相反阵营的人，逐步被刘邦清算。曾效力于项羽麾下的将士中，有一个刘邦最痛恨的人，他的名字叫季布。

有一次，季布抓了刘邦的妻儿老小，把刘邦的老爹绑着吊起来，下面架着锅，以下锅煮死刘邦之父为恐吓，迫使刘邦就范。虽然最终刘邦凭借耍无赖的本事，让其父幸免于难，但是刘邦因此对季布怀恨在心。

所以，在项羽死后，刘邦便在全国各地遍发赏金、海捕文书，下令捉拿楚军将领季布，并通告，凡是胆敢窝藏要犯者，一并论罪，诛灭三族。季布从此过上了逃亡的生活。当时，濮阳一户周姓人家冒着被灭三族的危险，收留了季布。为了帮助季布躲避被抓的风险，周家让季布伪装成奴仆，跟其他奴仆一起，卖到了鲁地的朱家。

朱家当家人是一个豪爽仗义的侠客。不久就发现，买来的奴仆中有一个人正是刘邦四处捉拿的季布，但他并没有揭发季布，也没有押着季布去领赏金，而是交代他的儿子，以后要听那个奴仆的吩咐，跟他吃一样的饭。

与此同时，朱家去拜访了他的老朋友夏侯婴。见到夏侯婴，他给夏侯婴讲了春秋时期伍子胥掘墓鞭尸的事情，想通过这个故事告诉夏侯婴，因为楚平王相信费无极的谗言，杀了伍奢和伍员，赶走伍子胥，才让楚国招致灭顶之灾。

其实，朱家和夏侯婴心里都非常清楚，季布当年追杀刘邦，那是因为季布在其位，谋其政。项羽发布捉拿刘邦的命令，季布执行，那是天经地义的事，是在履行自己的职责，这叫各为其主。朱家觉得，一个履职尽责的人，不应该被这样对待，他建议夏侯婴劝说刘邦赦免季布。

后来夏侯婴向刘邦求情，他跟刘邦说，季布是一个非常重信用的人，如果杀死一个讲信用的人，那么，以后谁还敢归顺朝廷？

这话一说，刘邦顿时对季布刮目相看。权衡之下，刘邦最终决定赦免季布。刘邦敬重季布的名声，曾封季布为郎中。到汉惠帝时，季布阻止吕后攻打匈奴，汉文帝时，季布把河东地区治理得井井有条。

从季布的逃亡经历来看，先是濮阳周家冒死收留了季布，后来是鲁地朱家不怕背上窝藏要犯的罪名，收留他做奴仆，更重要的是，他还通过汝阴侯夏侯婴，代季布向刘邦求情。季布之所以受到这么多人庇护是因为季布在外界有一个非常好的名声，那就是诚信。由此可见信守承诺的力量之大。

事非宜勿轻诺，苟轻诺进退错

古语说："诺不轻信，故人不负我；诺不轻许，故我不负人。"当我们想要做一件事，即使自己对这件事很有把握，也不要在做成之前轻易说出来。

美国著名的科学家和哲学家本杰明·富兰克林年轻的时候非常喜欢结交朋友，他学识渊博，能力出众，很多人都愿意接近他，一有事情也愿意求他帮忙。富兰克林性格豪爽，总是来者不拒，每当有人上门倾诉或者求助时，他总是想也不想就说"我会帮你解决问题"。

事实上，富兰克林很少会将这些事情放在心上，他只是本能地觉得对朋友托付的事一定要答应。几年之后，当富兰克林渐渐成为当地的名人时，却发现身边的朋友越来越少了。他将这件事告诉了母亲，并认为可能是自己的身份和地位不同于以往，才导致朋友们不好意思来找他。

母亲摇摇头，递给了富兰克林一张纸，上面密密麻麻地写了很多字，倒更像一个任务清单。母亲说："这上面的都是你最近几年答应那些朋友要做到的事情，当然你可能对此一无所知了，但你的朋友应该都还记得。"

富兰克林这时候才意识到自己的错误，不禁懊悔万分，原来自己成了朋友眼中不讲信用的小人。从此以后，富兰克林开始对照着清单上的承诺，花三年时间一件件去努力完成，最终，他重新赢得了朋友的尊重。

"言行一致"不仅要求我们说到做到，还需要我们警醒：不能做到的事，一定不要先说出来。某大学教授曾做过一个调查，在450位受访者中，喜欢轻易许诺但从不兑现的朋友排在了"最招人憎恨朋友"的第二位，仅次于第一位"背叛了自己"的那些朋友。这个排名同样为那些动辄做出承诺的人提出了警示：过度的承诺会严重破坏自身在外界树立的良好形象。

事实上，很多人平时并不会对身边人做出什么承诺，但是他们总是会在私底下帮助身边人解决各种各样的问题，总是想办法满足他人的愿望。对他们而言，承诺既是弥足珍贵的东西，也是言行合一的社交方式，承诺的核心主要在于是否真的将别人的需求放在心上，是否真的帮助了别人。

MAKE PEOPLE LIKE YOU AS SOON AS YOU OPEN YOUR MOUTH

第二章

一句话让人笑，幽默开口赢得好感

幽默是人际关系的润滑剂，恰当合时宜的幽默可以使人笑对人生困境，轻松摆脱突如其来的尴尬。幽默感是一种机智处理复杂问题的应变能力，用幽默的方式与人沟通往往比单纯的说教、训斥或嘲弄更容易引发他人的深刻思考，也更得人心。说话有幽默感对于我们的生活、工作都有很大的益处。

有幽默感的人，不会输在说话上

与休闲的家庭生活相比，职场生活则显得严肃和乏味。尤其是在竞争激烈的大公司，工作压力大，内部纷争错综复杂，人与人之间的关系也变得严肃、呆板、死气沉沉。正因为如此，职场比任何地方更需要幽默。职场幽默可以帮我们建立良好的人际关系，打造一个愉快的工作氛围，可以使我们暂时忘记工作的压力和疲倦，让我们高效率完成工作，并能从单调的工作中体味到乐趣。

以幽默给人留下好印象

初入职场，我们都希望能给他人留下好印象。幽默感可以帮助我们在有限的时间和空间内，打破时间和空间的限制，从容地施展我们的魅力才华，恰当的幽默感无疑会让我们在人才济济的职场中脱颖而出。

公司销售部经理出缺，部门人才济济，尤其是几位主管更是为了这一职位争得头破血流，公司高层经过多方考虑，商议决定调另一个部门的林峰来担任销售部的新任经理。

林峰知道自己上任必定会引起元老级人物的不满，为了让大家快速地接受自己，他在致辞会上施展了自己的幽默才能："销售部能人太多，据说升谁当经理都是一种不公平，所以公司只得找我这么一个有傻福的傻人来。我这个傻人就像个蜡烛的芯，看起来最亮，又站在蜡烛的最高点、最中心，可我自己不能烧，要燃烧起来全靠四周的蜡油。所以，拜托各位，我全靠你们啦，请大家帮帮忙，别让我烧焦啦！”林峰这一番充满诚意的致辞博得了部门里的一阵爆笑，那些原本愤愤不平的元老此时也对林峰放下了戒备。

像林峰这样平易近人、幽默风趣的人，很容易获得他人的好感。幽默可以化解矛盾、弥合分歧，也可以拉近距离、融洽关系，一个有幽默感的人，工作起来更容易顺心顺手，步步高升。

幽默感是高情商的表现

在人际交往中，很多时候会因一时失误而触犯对方，令自己处于尴尬的境地，或多或少会给自己的形象带来负面影响，如果不及时弥补，将会贻笑大方或者使局面无法收拾。在这种境况下，想要摆脱尴尬，一方面需要我们具备临危不乱的心理素质，另一方面需要我们运用高情商的说话技巧为自己解围。

某公司为了庆祝销售部签订了一笔大单，赵经理组织核心部门员工集体聚餐，饭后大家正在兴头上，相约一起去唱歌。在KTV，下属们给赵经理点了他最拿手的歌，赵经理趁着酒劲兴致勃勃、声情并茂地唱起来。

就在赵经理唱到歌曲高潮的地方，正在点歌的王丹一不小心点到了切歌，不知情况的其他人包括赵经理都朝王丹这边看过来。那一刻王丹恨不得找个地缝钻进去，不过幸好王丹头脑灵活，只见她假装一脸疑惑地看着同事们淡定地说道：“怎么了，明明就是原唱啊，我听没人唱我就切了。”赵经理哈哈大笑，同事们也跟着起哄地笑了。

王丹既为自己的失误找到了恰当的理由，又很好地恭维了领导的演唱水平，不得不说是一条妙计。幽默是一种高情商的表现，具有幽默感的人到哪儿都受欢迎，幽默可以化解许多人际间的冲突或尴尬的情境，往往能让人怒气难生，化干戈为玉帛。

幽默感使人更具亲和力

幽默是沟通人心灵的桥梁。幽默的人最有亲和力和人情味，与幽默的人相处，每个人都会感到快乐。

某大学有一位生物学教授，生物学科虽然是冷门课程，可只要是他的生物课，教室里座无虚席，甚至有的同学宁肯站在走廊里旁听。原因并不是该教授的生物学专业知识多么高端，而是他的幽默与风趣风靡了整个学校，使得学生们都特别喜欢上该教授的课。

有一次，一群学生们深入山区去校外实习，教授做领队。一路上大家看到许多不知名的植物，于是好奇地不停地发问，教授都细致地一一解答，其中一位女同学不禁停下了步子，对着教授仰慕地说："教授，您的学问真是太渊博了，不管什么植物都知道得一清二楚！"

教授回头挤挤眼，俏皮地笑道："这就是我为何有意走在你们前头的原因了，只要一看到陌生的植物，我就'先下脚为强'，立即踩死它，以免露馅！"大家听了笑得东倒西歪。可见，这次校外实习之旅是一次充满了欢声笑语的愉悦之行。

当然，这只是教授跟大家开的一个小玩笑，幽默感让教授瞬间拉近了和学生的距离，而这幽默背后的亲和力正是教授深受学生欢迎的原因。

有幽默感的人更懂得说话

幽默不是拙劣的搞笑，而是智慧的闪电，体现了一个人的思考力和情商，情商太低的人不懂幽默，也很难体会到别人的幽默。而情商高的人，善于运用幽默感解决生活中的各种难题，因为，有幽默感的人，也从不会输在说话上。

著名主持人于美人曾经在节目中分享了自己的一次加薪经历：一次，电视台老板找我谈有关酬劳的问题。当然，我的目标就是加薪，但是我不知道要如何开口。我很想鼓起勇气直截了当地跟老板说："我要加薪！"但是我刚进入电视圈不久，如果讲得这么直接，会不会太过分呢？

为了这次薪资谈判，我挣扎了好多天，始终想不出该如何向老板开口。到了谈判的那天，我的脑袋还是一片空白，怎么办呢？只好见招拆招！薪资谈判的那天下午，我与这位电视台老板相约在某家五星级饭店的餐厅喝下午茶。我们聊了很多，但是却没有半句话跟加薪有关。眼见下午茶就要结束了，我的内心开始焦虑起来。

正好这家餐厅里有位漂亮的女服务生正在为客人续杯。当她朝我走来，礼貌地问我："于小姐，请问你要加茶还是加咖啡呢？"于是，我福至心灵地大声对女服务生说："可以加薪吗？"老板听到我那委婉至极的真心话之后，大笑了三分钟。按照以往"大笑三分钟，好事自然多"的经验，我相信马上就会有好事发生。果然，老板笑完之后，立即同意给我加薪。

中国有句老话："会说话，当钱花。"像于美人这样临场发挥的幽默感很讲艺术性，要发挥得出彩而又得体是不容易的，这就要求我们有察言观色，随机应变的能力，这样才能达到锦上添花的效果。只要做个有心人，平时多积累、多练习，不久的将来，你肯定也会妙语连珠，幽默诙谐。

幽默讲分寸，让笑声安全着陆

蔡康永对幽默曾做过一段颇为恰当的总结：讲话幽默的人，就像走路好看的人，你跟他走在一起，会觉得很平常的走路也是赏心乐事。而无缘无故、不分场合讲笑话就好像翻跟斗，翻得好不好姑且不说，但不会有人喜欢跟没事就翻跟斗的人一起走路的。

开玩笑的人动机大多是为博大家一乐，特别是在冷场的时刻，恰当的幽默能够很好地活跃现场的气氛，打破冷场的尴尬。但是，不合时宜的玩笑，则会适得其反。所以，开玩笑必须因地制宜，玩笑开得好叫幽默，过火的玩笑只能称作情商感人。

幽默不是自娱自乐

如果你在幽默方面没有多少经验，又想运用幽默的技巧，那要学会在开口幽默前，注意观察周围的情势，切勿自娱自乐，惹人侧目。

在一次奥斯卡颁奖典礼上，一个时尚杂志社的美编和编辑在讨论哪位女明星穿得最漂亮，要将穿得最漂亮的明星作为本期杂志的封面人物。有人说是娜塔丽·波特曼，有人说是卡梅隆·迪亚兹。大家讨论得热火朝天，却一直没有结果。

这时，一个入职不久的编辑忽然想起一个笑话，想说出来活跃一下气氛，他打断大家："我问你们，'世界上哪种鸡跑得最慢？'"大家觉得他的问题莫名其妙，但还是碍于礼貌，只好停下来猜是哪种鸡，然而怎么猜也猜不出来，这时他宣布答案："是妮可鸡啊，因为妮可·基曼！哈哈哈……"他自己一人自顾自地笑了起来，而身边的人却有些懵了。

这位新编辑这种自以为是的冷笑话，就是比较失败的案例。这种不得体和不合时宜的幽默，会立刻让原本热络的谈话，迅速冷却下来。

幽默和刻薄只有一线之隔

幽默与刻薄往往只有一线之隔。幽默可以使人放松心情，以愉快开朗之心去应付复杂的人生。但是，幽默必须注意时机、场合和对象，否则就不是幽默，而是闹笑话了。

要想通过幽默的说话方式取得好的效果，一定要把握好幽默的场合、时机和分寸。语言的魄力非常微妙，同样的话在不同的场合、时机说出来，会收到截然不同的效果。对幽默时机的把握，更是如此。

职场玩笑小心开

西方哲人说："幽默是用来逗人发笑，而不是用来刺伤人心的。"善言者在与人沟通时应顾及对方的感受与尊严，避免过度的讥笑与嘲弄，否则自以为幽默的笑话，一不小心就可能擦枪走火，反而会冒犯他人，得不偿失。职场上，尤其是跟上司开玩笑更得注意分寸。

贾贝贝为人聪明伶俐，言辞犀利，还有丰富的幽默细胞。无论上学还是工作，她都是身边人的"开心果"。尽管如此，她在一家公司已经工作三年了，仍然只是一名行政助理。贾贝贝一直对自己在工作三年多没有晋升耿耿于怀。有一天，贾贝贝向学心理学专业的堂姐提到了这个问题，堂姐问她："你平时有没有在言辞上对上司不敬？"

贾贝贝一愣，心想她平时除了爱开玩笑，没有其他的毛病，难道是她向上司开玩笑造成的？于是，贾贝贝跟堂姐聊起了最近跟上司开的几个玩笑。

有一天，上司穿了一身新衣服去上班，灰西装、灰衬衫、灰裤子、灰领带。同事都没有说话，只有贾贝贝大声喊着："哎呀，王总，穿新衣服了？"上司听了咧嘴一笑，她接着做个鬼脸，捂着嘴笑着说："哈哈，像只灰耗子哦！"堂姐听了贾贝贝的描述，直接笑喷了。

贾贝贝接着回忆，还有一个周五，有个客户来公司签合同。当上司签完字以后，对方连连称赞上司的字写得好，说："您的签名可真气派！"贾贝贝正好走进办公室，听到称赞声后，一阵坏笑："能不气派吗？我们王总可暗地里练了三个月呢！"堂姐听完，边笑边说："贝贝，我要是你们王总，直接把你从办公室轰出去，哈哈。"贾贝贝此时才意识到，自己跟上司开的玩笑过火了。

正所谓"说者无心，听者有意。"所以，平时不管跟谁开玩笑，我们都要有意识地多提醒自己注意分寸，话出口前要先想一想是否合适。

以高情商把握玩笑的分寸

很多情况下，严肃的话题总是难以让人打开话匣，还有很多原本陌生的人也很难在短时间内互相打开心扉。如果能够恰到好处地说些无伤大雅的玩笑话，则能够快速使彼此熟稔，也能使彼此的交谈变得更加顺畅。真正得体的玩笑是需要高情商来把控分寸和尺度的。

2008 年经济危机席卷全球，马云在"2008 年中国企业年会"现场被人问到危机什么时候结束时，他幽默地回答："今天中午我在外面吃饭，餐厅的老板问我，你预计危机明年会结束吗？我说明年下半年就可以了。他惊喜地问明年下半年真的可以？我说明年下半年你就适应了。”

当年的经济危机形势非常严峻，现场的企业家们心情都比较低落，但马云的乐观感染了在场的每一个人，也让现场的气氛顿时轻松了起来。最重要的是，这段话让这些企业家明白了马云的观点：凡是该来的，总会来到。我们要做的，就是在一切不可避免的困难面前，不逃避，要尽快去适应它。

幽默感是聪明人的保护色

对于职场人来说，能否将自己的才华与抱负等值地转化为现实价值，职场政治中的明争暗斗在某种程度上起着推波助澜的作用。只有善于将职场政治的积极一面化为动力，才能为自己的职业生涯铺平道路。

幽默既是职场人保持积极乐观心态的法宝，也是在职场政治中求生的保护色。采用幽默的方式方法与同事沟通，巧妙避开职场政治争端，才能让我们明哲保身，并在激烈的职场竞争中获得最终的胜利。

幽默的开场白赢得他人好感

一个有才华、有影响力的人，即便不出头，不争先，也可以把周遭的人都吸引到自己身边来。而幽默，就是我们不露声色，吸引人们的最好工具。幽默应该照顾到对方的情绪，要让对方笑，但不能过于哗众取宠，这样才能赢得他人的好感。

一次，李敖接受记者陈敏的采访时，应陈敏要求做了如下一番自我介绍："光看我的文章，大家一定以为我是一个穷凶极恶的家伙，可是听到我的讲话，便会觉得我比我的文章可爱，等你对我有更深一层的了解，你更惊讶——在李敖能说善道的刻薄的嘴下三十二厘米处，还有一颗多情而善良的心。我李敖只是叫，其实人不坏。所以在我家门口应该钉一块牌子，上面写'内有恶犬，但不咬人'。"

李敖一直是一个饱受争议的人，他说了许多大话、空话和实话，而且嘴巴又很"损"，常常当众损人不留情面，惹得许多人讨厌他。但是，即便是李敖这样一个狂人，也希望自己能够被众人所谅解、接受甚至喜欢，希望给众人留下一个较好的印象。

这段幽默的开场白之所以成功，在于李敖在陌生人面前肯主动放下身段，戏称自己是"不咬人的恶犬"，大家听到后莞尔，对他的印象也随之大幅提升。

宁与君子打一架，不与小人争高下

在职场中，最忌讳的就是爱打小报告的同事。在上司面前打小报告，非常容易引起是非纷争，让同事间互相猜忌、产生戒备之心。但是在职场中，就存在很多以此为乐的人，以为这样就可以打击对手，使自己平步青云。

周芸和赵文丽是同事。一次，上司突然向周芸要一份文件。这份文件是周芸半年前起草的，她以为文件没用，在两个月前整理电脑的时候删掉了。如今上司突然索要，周芸也不便跟上司直言文件已删除，只好托词"文件保存在自己的电脑，电脑在家。"争取抓紧时间重新做一份。

这一切，被同事赵文丽看在眼里，并偷偷将前因后果告诉了上司，惹得上司非常不满，把周芸叫到办公室批评了她工作态度有问题。周芸得知是赵文丽耍的伎俩，对此耿耿于怀。在一次公司聚餐上，周芸坐在上司旁边，听到赵文丽又在跟上司打小报告，说一个男同事经常迟到的事，周芸感到一阵厌恶，若无其事地当着上司的面说："看来，我们犯错的速度，到底赶不上赵文丽的嘴快啊！"上司瞥了赵文丽一眼，赵文丽脸上露出了尴尬的表情，张了张嘴，竟说不出一句话来。

如果你身边也有赵文丽这样愚蠢的同事，不必和她一般见识，可以借适当的时机用幽默的话语暗示她一下。俗话说：宁与君子打一架，不与小人争高下。碰到这种喜欢偷偷耍手腕、下绊子的人，敬而远之为上策。

以退为进，巧避锋芒

都说商场如战场，锋芒外露容易招致嫉妒，过于低调又难以崭露头角。在职场中，我们也常常会面对争与不争的两难问题，如果我们不便正面回答类似问题，可以用幽默的方式绕开谈及问题的实质。这种方法表面上答非所问，实际上是以退为进，言有尽而意无穷。

首届世界互联网大会"中外互联网领袖高峰对话"上，雷军说下了豪言壮语："五到十年后，小米有机会成为世界第一智能手机公司。"美国苹果公司副总裁布鲁斯·塞维尔不屑一顾，"说起来总是容易的，但是做就不那么简单了。"但机智的雷军反应很快，接着说道："马云讲过一句话，'梦想还是要有的，万一实现了呢？'"引得台下一片笑声和掌声。

毕竟业内还有几家实力不凡的公司在场，雷军在他们面前有些过于自信地说出一句雄心勃勃而又具有挑战意味的话，自然会招致某些与会者的不屑，而这时他以马云的一句关于梦想的名言为自己打圆场，给自己的话加上了幽默的韵味，削弱了其中的挑战意味，自然也就更容易让人接受。

掩盖锋芒，大智若愚

聪明的人往往用幽默感把自己智慧的光芒掩盖起来，以一副看似愚蠢的面目示人。有时还要故意说些傻话，逗得大家前仰后合，但却没人会将他们当作傻子对待，相反大家都会为他们的智慧和人格魅力所倾倒。

雅典的首席执政官听说哲学家保塞尼亚斯是个能言善辩的人，于是便派人把保塞尼亚斯请到贵族会议上来，并对他说："贵族会议的成员，每人都有一个问题要问你，你能用一句话来回答他们所有的问题吗？"

保塞尼亚斯不假思索地说："那要看看是什么问题。"议员们连接不断地提出了几十个不同的问题。当问题提完后，保塞尼亚斯还是不假思索地回答："我全不知道！"

幽默是让人在思考中发笑的艺术，是人生智慧的精灵，有趣只是机智幽默的附属品。没有哲理的渗透，没有思想的火花，再有趣的语言，最多只能算是逗乐、搞笑，绝称不上幽默的智慧。

职场政治错综复杂，总会让人云里雾里、摸不着头脑。如果你是位职场新人，首先要学的就是做人。熟悉基本的社交礼仪，以一种平和、积极的心态对待工作和他人，才能为自己赢得施展拳脚的职场空间。聪明的职场人善于用幽默感作为自己的保护色避开纷争，适时地开个玩笑，幽默一下，这也是控制自己的情绪、激励自己妥善处理人际关系的好办法。同时可以打破严肃尴尬的气氛，给职场生活注入新鲜和活力。

巧妙颠倒黑白，幽默中化解尴尬

果戈理有一句话："理智是最高的才能，但是如果不克制感情，它就不可能获胜。"如果说，我们在遇到尴尬的局面时内心慌乱，不能控制自己情绪的话，在这种特殊的场合下自然会穷于应付、错漏百出。

幽默是摆脱尴尬窘境的妙方。我们常常要面对生活和工作中的僵局，提高幽默感，既可以巧妙地为自己和他人化解难堪，又可以为生活增添更多的笑声。有幽默感的人常常魅力四射，左右逢源，也因此与人相处更加融洽。

见什么人，说什么话

在各种不同的社交场合中，迅速摆脱自己所处的不利处境，活跃气氛，赢得尊重，都离不开幽默的助力。由于与人交往中突如其来的事情时有发生，许多不曾预料的状况让人措手不及，因此要想使自己在人际交往中游刃有余，必须要有过人的智慧和极其敏锐的反应能力。

有个理发师傅带了个徒弟。徒弟学艺半年后，开始正式上岗。他给第一位顾客理完发，顾客照照镜子说："头发留得太长。"徒弟不语。师傅在一旁笑着解释："头发长使您显得含蓄，这叫藏而不露，很符合您的身份。”顾客听罢，高兴而去。

徒弟给第二位顾客理完发，顾客照照镜子说：“头发留得太短。”徒弟不语。师傅笑着解释：“头发短使您显得精神、朴实、厚道，让人感到亲切。”顾客听了，欣喜而去。

徒弟给第三位顾客理完发，顾客边交钱边嘟囔：“剪个头花这么长的时间。”徒弟无语。师傅马上笑着解释：“为‘首脑’多花点时间很有必要。您没听说‘进门苍头秀士，出门白面书生！’”顾客听罢，大笑而去。

徒弟给第四位顾客理完发，顾客边付款边埋怨：“用的时间太短了，二十分钟就完事了。”徒弟心中慌张，不知所措。师傅马上笑着抢答：“如今，时间就是金钱，‘顶上功夫’速战速决，为您赢得了时间，您何乐而不为？”顾客听了，欢笑告辞。

故事中的这位师傅真是能说会道，他巧妙地利用人们爱听好话的心理，针对顾客不同的抱怨机智灵活地用不同的幽默话语为徒弟打圆场，既给徒弟吃了定心丸，又安抚了顾客的不满情绪，可谓高情商之典范。

面对尴尬，灵活应对

娱乐圈中，汪涵是被公认的高情商的主持人典范。在舞台上，汪涵统控全局，一次又一次化解危机；在生活中，上至捷克总统、丹麦首相，下至手艺人、木匠师傅都是汪涵的朋友。不得不说，这些都离不开汪涵专业傍身的自信和灵活自如的解决问题能力。

汪涵在节目中曾访问过一位修道教的嘉宾。这位嘉宾上台后略显紧张地自我介绍道：“大家好，我的道号叫常洪。”汪涵为了缓解现场略显紧张的节目气氛，接着嘉宾的话说道："长虹彩电，这道号好，这值钱！"台下哄然大笑，嘉宾也在这笑声中不知不觉地缓解了紧张的情绪，放松了下来。

打圆场的目的通常是调解纠纷，化解矛盾，避免尴尬，打破僵局。但打圆场是有技巧的，运用得好可以消除误会、缓和尴尬的气氛，还有利于问题的解决；运用不好就是火上浇油，令局面更加被动。可以说，一个善于打圆场的人，都是处世功底深厚的人。无独有偶，台湾著名主持人吴宗宪也是打圆场的高手。

2014年8月3日晚，户外真人秀《男神女神》节目中，四位美女选手秀了一段舞蹈，可能是因为紧张，有两位选手出现了一些小失误。看到姑娘们局促不安的样子，作为主持人的吴宗宪打起了圆场："虽然你们当中有人跳错，但一切都没关系。要知道，方才失误的那个动作，样子是全世界最可爱的。卓别林说过一句话'全世界最精彩的演出，就是出错的那一次'。"姑娘们都被逗笑了。

在表演过程中出现失误，姑娘们心里肯定很不安，吴宗宪巧妙地借用卓别林的一句名言安慰和开导她们：出错并不可怕，出错的一次恰恰是独一无二的，"样子是全世界最可爱的"。如此贴心体谅的话语，怎能不让姑娘们释然欢乐。

巧妙颠倒黑白，应对尴尬问题

记者总是非常擅长给名人们制造麻烦，许多名人都曾面对过记者的刁钻提问，如果应对不慎，就会使自己的形象大受影响。那些充满智慧和才学的名人们面对各种两难的问题，总是能巧妙避开题眼，风趣幽默的同时，也给我们留下许多启示。

相声大师侯宝林到美国去访问，美国记者提出了一个很刁钻的问题，来刁难侯宝林："侯宝林先生，您知道，里根是演员，当选了美国总统，您也是演员，在中国也可以像里根这样参加竞选吗？"

这个问题明显涉及国情和外交问题，既不能答"可以"，也不能答"不可以"，只见侯宝林稍一思索，回答道："我和里根不一样，他是二流演员。"

侯宝林的回答妙不可言，既巧妙回避了问题的尖锐部分，又充分肯定了自己的演艺才能，含而不露，令对方无懈可击。生活中的任何事情都包含着两面性，其中的对与错、利与弊是相对的。辨证地看待问题，得体地扬长避短，是打圆场的又一技巧。

有时候，当我们不得不独自面对僵局时，只有自己才能救自己，用自己的智慧来展示自己的幽默，三言两语就能使自己摆脱困境，维护自己的尊严，给对方以有力的回击，从而也把自己的人格魅力充分展现了出来。

打破常规，解放思维

有时，当我们讲话时，不小心说滑了口，出现了小小的纰漏，可能会引起听众的哄然大笑或骚动，这时如果我们将错就错、巧作运筹，反而能达到意想不到的效果。

清代诗人金农敏捷应变的口才也为人们所称道。一次，在扬州的瘦西湖，几个盐商摆宴招待金农，他们规定，每人引酒令时，均要念古诗一句，此句中必定要有"飞"和"红"字。轮到某商人，他寻章摘句，苦思不得，正在犯难，待要罚酒时，突然他冒出了一句"柳絮飞来片片红。"

众人大笑道:“你编得也太出格了，明明柳絮都是白的，何来一个红字。”金农却有意为其解困，便信口说道:“这是元朝人咏瘦西湖诗中的一句，写景真乃恰到好处。”大家感到蹊跷，便要他念念全诗。金农想白色柳絮只有在夕阳和桃花的映衬下才呈红色，便随口编造出元人诗一首:“廿四桥边廿四风，凭栏犹忆旧江东。夕阳返照桃花岸，柳絮飞来片片红。”诗篇咏出，众盐商个个拍案叫绝。

幽默感的缺乏很多时候是因为我们已经习惯于直截了当地就事论事，实际上，如果在出现问题时直接向他人道歉或对他人进行反驳，只会使自己更加难堪。与其陷入尴尬的两难局面，不如打破常规，幽默一下，反而能够巧妙地解决问题。

故意曲解其意，化矛盾于无形

人与人之间的交往并非都是善意友好的，有些人居心不良，故意攻击或刁难他人，让他人陷入尴尬的处境。这时，如果针尖对麦芒，非但不能有效解决问题，反而容易让双方的矛盾加深。此时，幽默就是化矛盾于无形的利器。

面对他人的故意刁难，如果我们表现得惊慌失措或愤怒失控，就正中对方下怀，任凭我们使出浑身解数也难免陷于屈辱的处境。相反，如果我们能用看似玩笑的口吻，故意曲解其意回击对方，不仅能体现我们临危不乱的睿智，更能大事化小、小事化了。

小心断章取义的陷阱

关于断章取义，大家想必都很熟悉。几乎每天都有媒体将某个明星或者重要人物的话断章取义，来制造轰动效应，吸引读者的眼球。有这样一个有趣的事件：

一位主教前往纽约，刚下飞机就被记者包围了。有记者刁难他，故意问："您想上夜总会吗？"主教想回避这个问题，便笑着反问："纽约有夜总会吗？"结果第二天早上，这家报纸的头版头条刊登出这样一条新闻："主教走下飞机后的第一个问题：纽约有夜总会吗？"

"纽约有夜总会吗？"这的确出自主教之口，但在当时的语言环境中，这种反问是一种自我保护，并没有词汇表面所表述的含义。但当这句话被单独列出时，主教的真实意愿与话语字面含义截然相反。人们的第一反应就是：这位主教大人看来不是正经人哪！

生活中，大家不要断章取义，刻意扭曲他人的真实意愿。但若为了改善谈话氛围的需要，也可以故意曲解其意，这种方式运用得当，有利于我们维护更加和谐的人际关系。

巧妙曲解其意，婉转表明立场

巧妙地曲解其意，看似在开不经意的玩笑，实则是更睿智的表达自己的不满。巧用这样的幽默方式，可以婉转含蓄达到我们表明自己立场的目的，谁能让人感到尖锐，却能有效地避免正面冲突。

美国前总统里根访问加拿大时，在一座城市发表演说。在演说过程中，有一群举行反美示威的人不时打断他的演说，明显地显示出反美情绪。里根是作为客人到加拿大访问的，作为加拿大的总理皮埃尔·特鲁多对这种无理的举动感到非常尴尬。面对这种困境，里根反而面带笑容地对他说：这种情况在美国经常发生，我想这些人一定是特意从美国来到贵国的，可能他们想让我有一种宾至如归的感觉。听到这话，尴尬的特鲁多禁不住笑了。

在日常生活中，各种复杂的情景如果都能用较强的应变能力，发挥即兴口才调侃一下，闪耀敏锐的思维和智慧，则会为人际关系增添不少趣味。

巧妙曲解其意，给对方反戈一击

面对他人的刁难，反戈一击并不是难事，难的是反击得巧妙而漂亮。接过对方带有侮辱性的话茬，看似要屈服于对方，结果突然间发生反转，对方已经不知不觉被自己击中。正因为这种突然间的反转，让幽默的还击带上了戏剧性，值得我们细细体味。

1926年，鲁迅到厦门大学教书并兼做研究工作，当时的校长林文庆经常克扣办学经费，本想有所作为的鲁迅对此非常不满。一次，林文庆把研究院的负责人和相关教授都找去开会，提出要缩减经费。虽然大家都提出了反对意见，但林文庆依然不予理睬，反而无情地说："学校的经费都是有钱人出的，你们在这嚷嚷有什么用。只有有钱人，才有发言权。"

这时，在一旁已经忍了很久的鲁迅走出来，顺手从口袋里摸出两个银圆放在桌子上，振振有词地说："林校长，我有钱，现在可以发言了吧。"林文庆压根没想到有人会来这么一出，顿时手足无措，不知如何是好。

紧接着，鲁迅有理有据地把缩减经费的弊端系统地讲了一遍，教授们纷纷点头。林文庆一时也找不到可以反驳的理由，最后只能作罢，并收回自己缩减经费的主张。

在这个故事中，谁都知道林文庆讲的"有钱"和鲁迅说的"有钱”完全是两码事，但鲁迅巧妙地利用了人们潜意识里对“有钱”的直观理解，为自己的发言找到了一个合情合理的理由。

巧避断章取义，幽默化解危机

巧妙运用断章取义也好，故意曲解其意也罢，都需要我们拥有过人的学识和超强的逻辑应变能力。

1935年，巴黎大学，中国年轻的留学生陆侃如正在进行博士论文的答辩。他学识渊博，一路应答如流，主考官们很是满意。

或许是见陆侃如应答得太过流畅，有主考官突然提出一个怪问题，故意为难陆侃如。他问：“《孔雀东南飞》这首诗中，第一句为什么不说‘孔雀西北飞’呢？”陆侃如知道对方有意为难，稍稍思考了一下，就答：“因为‘西北有高楼’啊！”主考官们听了先是一愣，随即莞尔一笑，都为陆侃如的幽默风趣所折服！

凡是学过古文的都知道，诗文中很多方位词的意义是虚化的，不可望文生义，比如“刀枪入库，马放南山”，这并不表示北山就不能放马。但是，如果这样回答，势必显得呆板。从这句话的字面意思来看，“西北”刚好跟“东南”相对，因为西北的楼高，所以孔雀飞不过，只好改道东南飞了。

这种解释看起来牵强，却能达到博人一乐的和谐氛围，我们也可以尝试创造类似幽默，而且解释所产生的意义与本义相差得越远或越荒诞，就越能达到出其不意的效果。幽默是一种巧妙的语言表达方式，它融技巧性和轻松感于一体，让人们在诙谐与欢笑中和谐共处。

适时反击，针砭式幽默更具力量

美国作家马克·吐温认为，“幽默本身的秘密来源不是快活，而是悲伤。”针砭式幽默既是对荒谬现实的不满控诉，也是对他人恶意责难的有力反击。现实生活中，很多人都喜欢用这种幽默的方式表达不满，讽刺社会问题。这种幽默看似沉重，但却渗透着对人性及社会的思考与担忧。那些心中有正义，眼中有阳光的人从不向恶势力低头，他们用自己的智慧，在逆境中求生存，坚持不懈地与邪恶抗争。

针砭式幽默给人以力量

最具针砭意味的幽默大师非捷克斯洛伐克文学家赫拉巴尔莫属。赫拉巴尔一生大起大落，顺境少而逆境多。卑微地活过半生，直到四十九岁赫拉巴尔才出了自己的第一本著作。赫拉巴尔的作品充满了黑色幽默，他笔下的小人物让人看得又哭又笑，虽然捷克人的生活很苦很压抑，但他仍要用看似荒诞不经却坚韧的力量来与现实抗衡。赫拉巴尔的幽默中渗透的是悲悯的人文主义关怀和对社会问题的深刻思考与担忧，使人笑过之后别有一番收获。

《中魔的人们》是赫拉巴尔的短篇小说，他在里面的描写深刻细致，语言荒诞幽默，常让人忍俊不禁。他在书中写道：在水泥厂飘灰的空气里，生活着一帮快活的人，他们坚信这里的空气包治百病，他们热爱那些我们或许感到烦躁的声响。小说中的人物布尔甘先生用镰刀驱赶蜜蜂，然后一刀砍在脑袋上，就像长出了一个牛角。他不让人拔镰刀，说：“等等吧，没准我们家的小子想把它画下来哩。”

关于幽默，赫拉巴尔有自己的解释："幽默和笑是最高的认识，痛苦的事件变成怪诞场面，成为一件轶事的影射和暗喻。令我恐惧的种种事情从怪诞的角度看就都变成了幽默。"而在《中魔的人们》中，那些看似不合情理之处，正是赫拉巴尔式的幽默的精髓所在。由此看来，幽默会给人力量，会给我们带来迎击一切的信心和勇气。

针砭式幽默要一针见血

针砭式幽默实则是一种勇气的象征。只有那些心系社会民生，并有足够的才能和远见卓识的人，才能领悟这种幽默的深刻内涵。

中华人民共和国成立前，拾风在上海某报当编辑，专门负责主持"每日一议"这个栏目，针对政局和世情民风发些议论。1946年，民主人士马叙伦在南京车站被特务殴打，激起民愤。可是，国民党中央社发出统一新闻稿，严令禁止各报记者采写，议论此事更是遭受压制。

拾风的"每日一议"出于大局考虑，没有公然与国民党对抗，可要他违背良心附和政府是不可能的。于是，拾风写下最短的一篇杂文，全文只有六个大字："今日无话可说！"

正所谓"一寸短，一寸险"，拾风的这六个字，被誉为最有力度、最短的杂文。这六个字的笔底波澜胜过万语千言，它的力道，在于用简短的六个字把满腔的愤怒，化为无言的声讨。如此看来，针砭式幽默的分量不在言语的多少，重点在于能否戳到痛处，只要命中靶心，一人也可抵挡千军万马。

针砭式幽默更能让人接受

有人说，针砭性幽默是幽默诙谐的情趣与辛辣犀利的见解完美结合的一种表达方式。针砭性幽默有着严肃而深刻的思想内涵，是人生智慧的体现。

某村聚集所有村民开会，3个小时过去了，会还没开完。这时，一位中年妇女站起身来向门口走去。

“您干什么去，不知道会还没有开完吗？”

“我家里有孩子呀。”

过了20分钟，又站起来一位年轻的妇人。

“您要去哪儿呀，您家并没有孩子呀？”

“我要是总坐在这里开会，我家永远也不会有孩子。”

村民们都哄堂大笑，村主任也笑着说：“该讲的都讲完了，大家散会吧。”

最后的一句话，虽然听起来是一句玩笑话，但话里话外的不满、抱怨语气却是任何人都能听得出来的，虽然不是直接抱怨的话，但要比直接抱怨的语言更能起到应有的效果。

针砭性幽默能给对方有力回击

用幽默作为回击的手段之所以可贵，就在于它能收敛起攻击的锋芒。然而，特殊情况下也不尽如此。尤其是面对他人无礼的挑衅时，采用故作轻松的调侃只会显得软弱无能，让对方更嚣张。这个时候，我们不妨用对方的无礼方式给对方有力的回击。

泰奥多尔·冯达诺是德国19世纪知名作家。有一段时间，他在柏林一家出版社当编辑。一天，他收到了一位青年作家的几首诗，诗歌里没有一个标点符号。随诗歌一同寄来的还有一封信，信中说：“我历来不在乎标点符号，如果用得着，请您自己填上。”很快，冯达诺就把诗稿退回去了，并附上了一封信，说：“我向来不太在乎诗歌，下次您寄一些标点过来即可，我会把诗歌填上。”

冯达诺恰如其分地运用了幽默的攻击性，幽默感也并没有因为强烈的攻击性而有丝毫逊色，看似不动声色，实则绵里藏针。

准备些笑料，随时随地抖包袱

生活中总是充满了各种各样的意外，尽管聪明的人机关算尽，也无法预测一切事情的走势和结局。在这种情况下，与其被动地接受，不如临场发挥，关键时刻调侃一下，反而能够扭转不利局面。当然，这样的即兴发挥并非是任意妄为，拥有超强的随机应变能力和丰富的生活经验，才能根据当时的情形从容应对，化解危机。

善用故事讲道理

一般来说，每一段幽默的言谈都会围绕一个故事展开。这个中心故事是基准，我们只需拓展思维，在故事的基础上加以变通，就能使它适合任何话题，不仅可以使我们的言谈变得幽默诙谐，还能在此基础上表明我们的观点，让情理在寓教于乐中得以升华。

一次，小说家吉卜林向一个英国政治团体发表演说：“我年轻时在印度当记者，专门报道犯罪新闻，因此认识了一些骗子、拐骗公款者、谋杀犯以及一些极有进取精神的正人君子。那时候，我在报道了他们被审的经过后，会去监狱看看这些正在服刑的老朋友们。我记得有一个人，因为谋杀而被判无期徒刑。他是个聪明、说话温和有条理的家伙，他把他自称的‘生活的教训’告诉我。他说：‘以我本人做例子：一个人一旦做了不诚实的事，就难以自拔，一件接一件不诚实的事会一直做下去。直到最后，他会发现，他必须把某人除掉，才能使自己恢复正直。'"

听到这儿，场下的观众已经笑成一团。不过，吉卜林的谈话还未结束，他又顿了顿继续说道："我想，目前的内阁正是这种情况。"吉卜林话音一落，场下立即爆发出雷鸣般的掌声。

吉卜林没有平铺直叙在印度当记者的这段回忆，而是幽默地围绕这一故事，渲染出一件近乎怪诞的趣事，从而建立起自己和听众的沟通点。吉卜林高明的地方在于，他不是为讲故事而讲故事，这个幽默故事成功地帮助他进入政治话题，不仅深刻地指出问题的关键点，还让全场观众捧腹大笑的同时，多了一些深入的思考。

善用比喻抖包袱

要想说话有幽默感，没有丰富的想象力是难以奏效的。一个人若能够把一件看似平凡的事物由表及里的悟透，才能用浅显易懂的方式将讳莫如深解释透彻，所谓"大道至简"便是这样的道理。

反应迅速是幽默谈吐的特点之一，这就要求说话者思维敏捷，能言善辩。然而，这些又是对生活的深刻体验和对事物认真观察的结果。敏锐的观察力不仅是科学研究中必备的，也是产生幽默谈吐的重要因素。

以语言犀利、锋芒毕露见长的英国生物学家赫胥黎，在一次讲演中勇敢抨击了当时的社会对科学极不公正的态度，他说："科学这位'灰姑娘'天天生起火来，打扫房间，准备餐食；到头来，人们给她的报酬，则是把她叫作贱货，说她只配关心低级的物质利益。"

六十岁那年，赫胥黎怀着既沉重又难舍的心情辞去了英国皇家学会会长的职务。他在一次讲话中说："我的理智和良心已经向我指出，我已经无法完成这个会长职位的各项重大任务，所以我一分钟也不能干下去了。"这位德高望重的老人痛心地讲完上述话语后，又不无诙谐地对朋友们说："我刚刚宣读完了我去世的官方讣告。"

赫胥黎把科学生动地比喻成受人冷落的灰姑娘，将教会势力扼杀科学研究的丑恶面目揭示得淋漓尽致，因而更具震撼人心的力量。赫胥黎还风趣幽默地将辞职演说比喻作"官方讣告"，这也正是他自己复杂而痛苦的内心写照。科学家如果没有对事物入木三分的观察力，无论如何也说不出如此传神的话语。

提前设想抖好包袱

罗曼·罗兰说："世界上只有一种英雄主义，那就是认识生活的真相之后依然热爱生活。"这句话是对曼德拉的一生最好的诠释。八十岁高龄的曼德拉在离开总统职位后，之所以能够保持身体健康、精神矍铄，依然以和平大使的身份活跃在国际舞台上，是因为他在苦难的折磨中看透了世事，在丰富的人生阅历中提炼出了人生的大智慧。

1975 年，身在狱中的曼德拉首次被允许与女儿津姬见面。曼德拉入狱的时候，女儿只有三岁，如今将要与自己见面的女儿已经长成了 15 岁的大姑娘。为了见女儿，曼德拉特意穿上一件漂亮的新衬衣，他不想让女儿感到自己是一个衰弱的老人。他知道，对于女儿来说，自己是一个她并不真正了解的父亲。他不想与女儿见面的时候让她感到手足无措。

当女儿走进探视室的时候，曼德拉对女儿说的第一句话是："你看到我的卫兵了吗？”然后指了指寸步不离的看守。女儿笑了，气氛顿时轻松起来。曼德拉告诉女儿，他时常回忆起以前的情景，他和女儿一起聊起了他们共同生活的过往。透过探视室的玻璃窗户，曼德拉发现女儿眼中噙着泪花。

津姬后来描述了这次见面，特意强调了父亲性格中风趣幽默的一面：“正是父亲的这种幽默，让我这个以前并不了解他的女儿，和他一下子贴近了许多。”

MAKE PEOPLE LIKE YOU AS SOON AS YOU OPEN YOUR MOUTH

第三章

一句话让人跳，避免陷入不会讲话的误区

想要做最好的自己，别人的帮助是必不可少的，“得道者多助，失道者寡助”，想要得到别人的帮助，就必须有良好的沟通能力。而讲好话就是获得他人帮助的最好方法。不会讲好话的人，首先在认识上存在误区。一个人说出来的话其实是他们内心想法和性格的外在表现，要想让自己说出的话更有影响力，更能发挥其语言的实质性作用，那就要避免陷入不会讲话的误区。

以性格直率自居，不会说好话

在日常交往中，我们常常会听到有人说：“我这人说话直，有什么说什么，说得不好听你多担待。”乍一听会觉得这个人还挺真诚，但是仔细一推敲起来，不免包含了另外的含义，即给自己说错话或可能说错话提前埋下伏笔。时间久了，难免会因为说话太直伤害他人。这样一来，即使说话的人当时再如何给自己开脱，也免不了引起对方的不快，从而产生芥蒂。

我们周围总有些人以直率自居，实则说话不经过大脑，想到什么说什么。为人直率并没有错，但是这里有一个很重要的前提，就是要尊重别人，打着“心直口快”的幌子去无所顾忌地伤害别人，那叫没教养。

说话不经大脑是情商低下的表现

有些人打着好心的幌子帮助他人，说出来的话却是里外带刺，一片好心却让人感觉充满恶意。这时候如果被关心的人为此而表现出哪怕一丝不悦，就会被指责“不知好歹”。说话不经大脑，更不知道换位思考，是情商低下的表现。

一次聚会，王宁抱怨说同事当她是打杂小妹，上司视她可有可无，升职加薪的空间十分有限，在竞争激烈的公司存在感太低。所以想趁着年轻，慢慢转行做投资经理人。王宁认为，在金融行业发达的香港，这个工作门槛低、前景广，做得好的话佣金也十分可观，只要自己努力储备人脉，不愁没有出头的那天。

大家的鼓励的话还没有说出口，就听到旁边以业内人士自居的吴丹突然拔尖了嗓子开始了自己的一番见解："我觉得投资经理人的工作不适合你啊，你性格太内向，朋友也没几个，而且都不是金融圈的人，不像我，朋友圈都是搞金融的，一入职就可以带关系甚至带资金进公司。而且你也做不来这么专业的工作，你学新闻的，平时也就写写新闻稿，我估计你连财务报表都不会看吧。"

气氛瞬间尴尬了起来，王宁未发一言，低下头看手机。这时候，有朋友出来打圆场："投资经理人不一定要看财务报表嘛，而且王宁的人脉其实很广，虽然目前金融圈的朋友不多，但是朋友介绍朋友，慢慢不就多了嘛。"

结果，吴丹并没有顺着台阶下，反而开始了又一轮的劝说："我说的是实话啊，她什么都不会，与其让王宁接连碰壁，最后什么事都做不好，还不如现在打消她的念头呢，一般半路出家的都成不了事。"最后，她还不忘说上一句："我这人说话直，你别介意啊！"

王宁听后愤然离席，吴丹见状还一脸委屈地说："我说这些是为她好，她干嘛不领情走掉了。"其他姐妹听完这句话后全都无语了，结果饭局不欢而散。

吴丹的这番"好意"任谁都觉得不像是在提建议，倒像是在通过贬低王宁来抬高自己。所以说，情商高不只体现在能把难听的话说得动听，还包括把善意的话说得能听。其实，哪有什么"说话直"，说一些毫无建设意义的风凉话，不代表就是一个真性情的人，它只说明这个人教养和情商都有待提高。

不会好好说话后果很严重

不经大脑的直言直语在一定程度上带来的恶劣后果，远远大于恶语欺凌。直言直语的后果有轻重之分，轻者，让对方难堪、心生不满；重者，伤及对方自尊，引起对方的愤怒，甚至令对方产生报复的心理，无形中给自己树立一个敌人。

像这种直言快语引发的冒犯比比皆是，随时都在发生。这是有些人说话嘴上没有把门的，说话不考虑对方的反应，太过随意，脱口而出，从来不考虑可能导致的后果，也不会考虑惹来麻烦之后如何处理。高情商者总会谨慎言语，不会轻易冒犯对方。就算面对十足的无赖，也能平安相处，坦然处之。所以，和人交谈，不可恶语冒犯、胡言乱语，使对方不开心甚至痛苦。

汪峰性格直来直去，说话口无遮拦，从来不会站在对方的角度考虑问题。有一次他和同事相约一起打篮球，对方几乎没有打篮球的经验，球技更谈不上。汪峰义不容辞地教起对方来。教的过程中，他情绪一度激动，急躁的时候说同事："你平时看起来挺精明的，没想到这么笨，打球真臭。什么人不给你气死？"同事把球一扔，生气地说："你还能好好说话吗？""我不是好好和你说话的吗，还不让人说你笨，有本事，打个好球给我看，真是的。"同事转身走了，汪峰还在那气呼呼，想我好心好意教你打球，你却一点不领情，什么人啊。结果，篮球没打成，双方不欢而散。

说话是讲究艺术的，所谓的良言一旦以包裹着"直率"外衣的方式表达出来，甚至比真正的恶语更伤人心。无论如何，沟通都应该建立在互相尊重的基础之上，而不是由着自己的性子、情绪想说什么就说什么。说话时把对方放心上，时时刻刻考虑所说的话会不会给对方造成不必要的伤害，这份尊重即使没有用语言表达出来，也会让对方感觉到话语里有满满的温暖和善意。

好话也应该要好好说

在日常交际中，我们有时因为环境、气氛、心理等诸多因素，有些话不便直接说出来，可以换一种方式用婉转的语言表达出来。这样可以避免引起双方不良的情绪，破坏谈话的氛围，甚至使人际关系紧张或者恶化。

培根说："含蓄和得体，比口若悬河更可贵。"委婉又称婉曲、婉转，即说话者不直说本意，只是用婉曲含蓄的话来烘托暗示。某些问题，适应某种场合，含蓄委婉的说话比直来直去让人受用得多。委婉和含蓄并非花言巧语，含糊其词是因为它既不是为了哗众取宠，耍心机，也不是语言含糊，态度不诚恳。委婉说话是一种富于智慧、独具魅力的表达技巧，是为某种需要而采用的迂回的说话方式。

对于为人直爽、心直口快、自认为不会说好话的人，不妨听听清净法师讲的建议，或许能有一些帮助："天性耿直和心直口快都不是缺点，甚至是修行的极好资质。只是，与不同的人沟通需要注意态度和技巧：与老人沟通，不要忘了他的自尊；与男人沟通，不要忘了他的面子；与女人沟通，不要忘了她的情绪；与上级沟通，不要忘了他的尊严；与年轻人沟通，不要忘了他的直接；与孩子沟通，不要忘了他的天真。一种态度走天下，必然处处碰壁；因地制宜，因人而异，即可四海通达。"

为人清高傲慢，不屑说好话

在央视《百家讲坛》栏目中，郦波教授评说《曾国藩家训》时，讲了曾国藩说过的"败人两字，非傲即惰。"让人过耳不忘。关于这句名言的意思，曾国藩还曾在《曾国藩全集·家书》中展开来说，“天下古今之庸人，皆以一‘惰’字致败；天下古今之才人，皆以一‘傲’字致败。吾因军事而推之，莫不皆然。”

郦波教授解释说，天下的庸人之所以平庸无为，主要原因就在于一个“惰”字，也就是懒；天下的才子虽然有才，但有些最后要么一事无成，要么前功尽弃，原因在于一个“傲”字，也就是骄傲。曾国藩认为，以他多年带兵打仗的经验来看，天下事莫不如此。

为什么人一傲慢，就会失败呢？因为傲慢的人，都是自以为是的人。一面自以为是，另一面一定是以人为非，只看得见自己的优点，看不到别人的长处。天天只看到别人的短处和不足，自然挑剔责难不断，人际关系紧张，人人讨厌，失道寡助，还能不失败吗？

为人傲慢招人厌恶

蔡康永在《蔡康永的说话之道》里就生动地描写了一个自以为是的典型。

古古有个同事，毕业于一流大学，辩才纵横，逻辑清晰，学富五车，口若悬河。每次部门开会，如果上司问他意见，他都很有想法，侃侃而谈。但大家都觉得他很讨厌。有工作需要协调的时候，别的部门的人很少愿意配合他，同部门的人也不太愿意跟他一起合作。

有人会问：他怎么了？其实他也没怎么，只是在跟别人意见不同的时候，总喜欢把对方说得哑口无言。厉害是厉害，但讨人厌。口头上败给他的人，心里都期待他出洋相。事实上，上司们也都欣赏他，但当他们发现他人缘太差，事情做不成、没法打入团队时，对他的评价就大大降低了。

所以，人一旦傲慢，就会让同事讨厌、领导疏远、孤掌难鸣，什么事都做不成了。所以要想去除这个“傲”字，就得从欣赏人、夸奖人开始。

肯定对方取得的成绩

现实生活中，肯定别人的成绩是高情商的人在人际交往中不可或缺的赞美手段。你如果能由衷地肯定别人的某项成绩，就会使对方产生亲和心理，这也不是难事。一个人的成就得到别人的肯定，他就会感到自我价值得到确认，荣誉感得到满足，内心就会对你产生“自己人效应”。因此，说话高手懂得在赞美一个人的时候，从他取得的成绩和成就入手，这样效果就会大大不同了。

在2016年6月27日结束的百年美洲杯决赛上，阿根廷与智利打满120分钟，最终在点球大战上阿根廷以2比4的比分不敌冠军智利，连续三次世界大赛决赛失利。而在赛后，心灰意冷的阿根廷队长梅西在接受记者采访时表示，将会从此退出国家队。

在梅西说要退出国家队的24个小时内，从阿根廷总统到马拉多纳，再到普通球迷，大家都在用自己的方式挽留着梅西。

“我从未对我们的国家队感到如此骄傲。我希望看到最好的球员继续为国效力很多年。”阿根廷总统马克里赛后在自己的推特中这样写道，并且在这段文字的最后加上了一个标签——“梅西别走”。不仅如此，总统马克里还在随后的内阁会议的新闻发布会上谈到了梅西，他表示：“我们真的是太幸运了，梅西给我们的生活带来了如此多的乐趣，他就是上帝赠予我们的礼物。我们这样一个足球大国，拥有世界上最优秀的球员，这是多么荣幸的一件事啊！”

而一名叫作优哈娜的阿根廷女教师信件，则从另一个角度向这位世界最佳球员表达了人们对他的期许与肯定。优哈娜在信中写道："我不会和我的学生们说梅西的足球有多么美妙，我会告诉他们梅西曾经多少次苦练任意球才有了今天那令所有门将鞭长莫及的脚法，我会告诉他们梅西为了追逐自己的梦想曾经承受了多少注射药物的痛苦；梅西用他挣来的钱帮助那些和他一样曾经遭受病痛的孩子，梅西承担着世界上最重要的工作之一，同时也能做一个好父亲、好丈夫。我会告诉他们，即使是梅西也会罚失点球，而这恰恰说明即使是最伟大的人也会有所缺憾。"

最终，在铺天盖地的挽留声中，梅西决定重返国家队，并在9月世界杯预选赛南美区阿根廷的首场比赛上依靠自己的进球，帮助阿根廷小胜乌拉圭。在赛后的采访中，梅西特地表达了自己对于球迷的感激之情："我之前说过我不会回来了，但是我还是回来了。在经过这么多的事情之后，我想回到阿根廷国家队。在说出那些话之后，我感受到了来自所有人无与伦比的爱，大家一直不离不弃——不仅仅是这一次，而是一直以来。对此，我真的非常感激，我不能不回来。"

人向来都是很注重外界对自我的评价的。成绩被肯定，就有助于创造良好的情境和情绪，也就是人们在赞美别人时所希望达到的效果。

态度谦和才能赢得人心

善于编织人际关系网络的人，都知道如何去搞好人际关系，他们都深知人际关系的重要性，因而都懂得要尊重他人以及如何去尊重他人，目的是要获得他人的认同和支持。当我们找人办事的时，放弃自己的清高傲慢，用真诚的心和实际行动去尊重他人，这样才会在他人心目中留下良好的印象。这必将为我们找人办事奠定扎实的基础，办起事来才会顺顺利利。

有一个年轻人应邀去参加一个盛大的舞会，可是年轻人却显得心事重重。一位年长的女士邀请他共舞一曲，随着欢快的舞曲，年轻人也变得开朗起来。

一曲结束，年轻人对年长的女士给予由衷的赞美，对她的舞技大加赞赏。年长的女士听到有人这么欣赏她的长处，显得很开心。出于好奇，女士忍不住询问年轻人刚开始时为何愁眉不展。

年轻人讲出了缘由，原来年轻人是一家运输公司的老板，可是由于自然灾害的原因，他的公司遭受了很大的损失，已经接近破产的边缘。年轻人已经没有多余的资金维持公司的周转了，即使想翻身也没有机会。

事有凑巧，年长的女士的丈夫是当地一家大银行的行长，女士很爽快地把年轻人介绍给了她的丈夫，她的丈夫随即找人对年轻人的公司进行了分析和调查，给他贷款 100 万元，帮助年轻人渡过了难关，解了燃眉之急。

有一条十分重要的涉及人们品行的准则，如果你足够重视这条准则，它就会帮助你摆脱困难的境地。能成大事的人往往十分重视这条准则，所以他们无往而不胜。这条准则就是：“肯定他人的存在，尊重他人的意见，承认他人的优点。”

难辨夸赞与拍马屁，不敢说好话

团队出去聚餐，同事纷纷向领导敬酒，各种各样的恭维话一句接一句，你是不是很不习惯这样的场面，也不会向领导敬酒？工作中，你除了老老实实干活，正儿八经汇报外，平时完全不知道怎么和领导聊闲天。忙完一个项目，领导体恤地对你说了句"辛苦了"，你除了机械地说"不辛苦"外，完全不知道还能说点什么。

无论以上哪种场景让你不舒服，你都可能是一个不会恭维的人。但我们不得不告诉你：不会恭维是一种职场亚健康状态，得治。拍马屁一词原本是说，人在骑马前最好先拍抚马的屁股，这样马才会温驯地让人骑上去，否则，不但骑不上，还会被摔下来。后被引申为说奉承话、献媚的意思，人们讥讽那些厚颜无耻仅会阿谀奉承地讨好上司的人为"马屁精"。

不敢对他人说好话，觉得夸奖就是拍马屁、巴结人，怕别人说自己为人虚伪、不可靠。要从这一误区中走出来，必须弄清楚以下问题：

夸奖的话诚恳，拍马屁的话违心

夸奖是一个人对他人发自内心的欣赏和称赞，让旁观者听了都点头称是，这就是认同；阿谀奉承是假惺惺的，旁观者听了只会嗤之以鼻。再看蔡康永在其书中讲的另一个例子：

古古有个同事，嘴巴很甜，一有需要讨好别人时，再瞎的话也说得出口。上司的头发明明烫得像欧巴桑，他也能称赞上司像从欧洲古堡里走出来的公主；老板明明胖到电梯都快进不去了，他也能说要拜托老板指导他如何健身，才能保持这么英挺的身材。

但古古注意到一个事实，就是上司或老板被他这个同事这样猛夸时，常常笑得很尴尬。能做到上司和老板的人，肯定是有基本智商的人，要他们相信太离谱的赞美，实在有点强人所难。

夸赞为人，拍马屁为己

所谓真心相待，就是你真的站在对方的立场上，为对方着想，而不是为自己的私欲牟取私利。分辨夸奖和阿谀奉承要看说话人的初衷到底是为人还是为已。

胡淑敏的父亲九十岁了，一辈子勤劳，闲不住，家务事总要抢着做，不让做他就不高兴，生气地说："我还没老！"一家人只得由着他做。

但有时父亲又总做不好，比如炸花生米，因视力不好，往往会炸糊。有时他要做一两个他的"拿手菜"给一家人吃，虽然有时不是盐放少了没味道，就是花椒放多了麻得舌头难受，但胡淑敏仍然说好吃。

每次胡淑敏夸奖她的父亲做饭好吃，老人家都很高兴，打开话匣子"吹"他年轻时当厨子做的菜如何如何受赏识。我们在胡淑敏与父亲的交流中得到一种启示：老年人需要赞美。

夸赞温暖人心，拍马屁引人反感

见了矮个子，你硬要说他身材挺拔，玉树临风；听一个人讲话结结巴巴，你硬要说他口若悬河、侃侃而谈，如果这时你还拿不准是否在拍马屁，就看看旁边的人吧。如果他们或侧目，或摇头，或窃窃私语，你就不要往下说了。

三十岁出头、文学修养很好的马剑越研究生毕业后，进了一家民营集团担任战略发展部副总经理，年薪五十万元。入职快三个月了，一直没机会跟老板谈话。直到有一天，机会终于来了，他决定好好表现一番。集团李董事长主持公司内部的一次会议，其中一项议题是要听取关于企业战略发展的下一步计划，马剑越先生被选定做汇报。

让所有人都想不到的是，马剑越先生不发言还好，一发言震惊全场："尊敬的李董事长、尊敬的王副总裁、尊敬的刘副总裁、尊敬的张副总裁，尊敬的郭总经理、高总经理、刘总经理、李总经理、姜总经理、杨总经理，以及各位同人，今天我很荣幸地向各位领导和同事汇报企业战略发展的计划问题。

"我们李董事长雄才大略、高瞻远瞩，以超凡脱俗的智慧，构建起了我们企业战略发展的核心和精髓，才有了我们今天举世瞩目的独特的战略发展蓝图。我们应该为此感到骄傲和自豪，也使我们对未来企业发展战略充满了信心和希望。

"我们的王副总裁可谓铁肩挑四担，战略发展是其中一副非同寻常的重担。王副总裁虽然日理万机，但非常关注战略发展工作，经常莅临战略发展部，亲自指导我们战略发展部的工作，使我们的战略发展工作有了长足发展。尤其最近三个月来，为了企业的战略发展工作，可谓披肝沥胆、呕心沥血……"

大家忍受了马剑越先生的一通马屁后，觉得应该可以进入正题了吧，没想到，他又开始大拍特拍其他两位副总裁，极尽阿谀奉承之能事，把两位副总裁拍完后，又开始拍战略发展部的郭总经理，拍完郭总经理后，又挨个把到场的十多位总经理拍了一遍。

拍完所有高层的马屁，用时长达五分钟。郭总经理在旁边一个劲儿朝他使眼色，但马剑越正在兴头上，以为郭总经理是在鼓励他，于是更加刹不住车，继续滔滔不绝。李董事长终于忍无可忍，猛拍了一下会议桌，会议室顿时鸦雀无声。会后，李董事长指示让马剑越立即滚蛋，并说公司绝不能助长此风。

这就是一个拍马屁拍得令人反感的经典例子。马剑越的发言让所有的人无法忍受，让董事长忍无可忍，拍案而起，这就是拍马屁让人嗤之以鼻的反面典型。

真正高水平的让人受用的夸赞，是说到点子上的。要把话说到点子上，就要花心思去观察、了解、体会，但它离不开“你强，我(们)不强”与“你重要，我(们)不重要”这两种基本模式。无论是哪种模式，都符合了信任感打造公式“信任度 = 专业度 + 可靠度 + 亲密度 ÷ 自我”中降低自我的规律。有一种不露痕迹的赞美，叫关注与体贴。

和亲朋好友不用见外，不必说好话

中国人对于感情的表达是非常含蓄的，尤其是在面对身边朝夕相处的至亲好友时，人们往往不知道如何表达爱，更不知道怎样才能与身边的人沟通感情。这种情况导致一种奇怪的现象，即越是亲近的人之间越容易看似冷漠疏远，实际上心里却彼此亲近，也深爱着对方。

倘若我们学会表达爱，把内心的爱意勇敢地告诉我们的至亲好友，则我们与他们的关系就会更加亲密无间，生活也能因此变得美好和其乐融融。也许有些人会说，倘若和亲人好友之间还要讲究客套与礼节，岂不是显得太过虚伪吗？其实，越是亲近的人之间越需要经营感情，也因为原本就有深厚的感情基础或血缘关系，更会使我们事半功倍，使彼此心心相印。

亲人之间需要表达爱

任何人之间都是需要用感情维系的，包括父母和子女，夫妻，兄弟姐妹，长辈和小辈。人都是感情动物，每个人都非常看重感情，也都希望能与他人之间加深感情，关系融洽。在这种情况下，我们应该选择合适的时机，对亲人雪中送炭，温暖他们因为生病或者不适导致的脆弱。

乐乐从小是由姥姥一手带大的，从他在医院出生的那一刻开始，就是姥姥抱着他，照顾着他。为此，已经六岁的乐乐与姥姥感情非常好，堪称相亲相爱。虽然乐乐有的时候也会淘气，惹姥姥生气，但是到了关键时刻，就看出他与姥姥的感情了。

有段时间，姥姥轻微脑中风，不过当时还不知道是为何引起的。有天下午，她接了乐乐准备回家时，突然觉得头昏脑涨，甚至走路也走不稳当了。为此，乐乐赶紧让姥姥扶着自己的肩膀，好不容易才把姥姥扶回家，又马上给爸爸妈妈打电话，让他们赶紧回家。姥姥说："没事，我可能是血压升高了，躺一会儿就好了。"乐乐却非常严肃且焦急地说："姥姥，你总是心疼钱，到底是命重要还是钱重要呢？钱没有了还可以挣，命没有了可就活不了啦！你要是没钱，就用我的压岁钱去看病吧，我有钱！"听了乐乐如同小大人一般的话，姥姥感动得热泪盈眶，连声说："我的大外孙子长大了，知道心疼姥姥了。"乐乐接着说："要是爸爸妈妈不带你去看病，我就说他们；要是他们不孝顺你，我以后也不孝顺他们！"虽然乐乐说话的时候咬牙切齿，但是姥姥依然感到非常欣慰。从此以后，姥姥经常说："我的大外孙子真好，是姥姥的好孙子，是姥姥的亲孙子。"

在姥姥感到身体不适时，六岁的乐乐不但力所能及地照顾着姥姥，还像个小大人一样，说出的话头头是道，把姥姥的心说得暖暖的。难怪姥姥越来越疼爱乐乐呢，这些都是因为小小年纪的乐乐很善于表达感情，能够把话说到姥姥的心里去，把姥姥说得心花怒放。

即便是在日常生活中，我们也可以把“爱”挂在嘴边，有事没事告诉爸爸、妈妈、爷爷、奶奶、姥姥、姥爷“我爱你”，给妻子一个甜蜜的吻，告诉孩子“妈妈爱你”“爸爸爱你”，这些看似微不足道的小事都能加深亲人间的感情，帮助亲人们更好地相处。需要注意的是，在表达感情的时候一定要保持真挚的心，态度诚恳，否则当表达爱变成一种可有可无的形式，也就无法再起到预期的效果。所谓心诚则灵，用在任何时候都是屡试不爽的法则。

友谊需要用好言好语来维系

以前我们总是认为兄弟之间，应坦诚相待，所以说话只挑对方的不足，然后以挖苦和讽刺为乐趣。而真正发现了对方的闪光点，并且说了好话之后，你就会意识到，这是一种让大家增进友情的好方式，也能让我们维系好身边的好朋友的同时，不断扩大人脉圈。

刘蕾：“今天你的眼睛看起来格外有神，是化妆了吗？”

朋友：“没有啊，和以前一样。怎么？和之前有不同吗？”

刘蕾：“看来你是变漂亮了哦。”朋友开心地挽着刘蕾的胳膊，一边走一边跟她聊起天来。

有时候人并不是那么容易相互亲近的。但是通过夸奖，我们把隔膜打破时，甚至从一般的同学或同事的关系变成了可以交心的好朋友。

家人的鼓励能创造奇迹

大名鼎鼎的卡耐基在小时候是一个捣蛋大王。而在他继母到来之前，没有一个人称赞过他，在他父亲和邻居的眼里，他就是坏男孩。但是，继母的一句话，便改变了他一生的命运。

在卡耐基9岁的时候，他的父亲把他的继母娶进家里来。当时他们家是穷苦家庭，他继母的家庭却非常富有。他的父亲一边介绍卡耐基一边说："亲爱的，以后你可要小心了，卡耐基是我们全郡最调皮的孩子，我对他是没有任何办法了。说不定明天早晨以前，他就会拿石头扔向你，甚至做出一些更坏的事。"

令人惊讶的是，继母微笑着走到卡耐基面前，托起他的头认真地看着他。接着她回来对丈夫说："你错了，他不是全郡最坏的男孩，而是全郡最聪明、最有创造力的男孩。只不过，他还没有找到发泄热情的地方。"

这句话让卡耐基的心里暖洋洋的，眼泪几乎滚落下来。而恰恰就是从这一句话开始，他和继母开始建立友谊。也就是这一句话，变成了卡耐基奋斗的动力，使他日后创造了成功的二十八项黄金法则，让许许多多的人走上了致富和成功的道路。

卡耐基十四岁时，继母给他买了一部二手打字机，并且对他说："亲爱的，我坚信你会成为一个作家的，不是吗？"卡耐基接受了继母的礼物和期望，而且他还试着向当地的一家报社投稿。他了解继母的热忱，也很感谢继母的心意，他亲眼看到她用自己的热忱，改变了他们的家庭。所以，他不愿意辜负她。

这股温暖的动力，激发了卡耐基的想象力，更使他的创造力爆发，帮助他和无穷的智慧发生联系，使他成为美国的富豪和著名作家，也使他成为20世纪美国有限的几个最具影响力的人物之一。

善解人意的人深谙一个善意的肯定，甚至可以影响一个人的一辈子。不管我们是不是至亲好友，不管我们是不是有求于人，切忌嘲笑别人，向对方说一句好话，大声说出我们的爱意和善意，我们也会因此而快乐。

自认为对方会骄傲自满，不能说好话

教育家在调查研究的过程中，发现了一个现象：大多数家长总是对孩子的缺点非常敏感，对孩子的教育也往往以纠错为主。他们急于改变孩子身上的缺点，认为只有这样，孩子才能成为一个优秀完美的人。不得不说，这种教育在一定程度上压抑了孩子的个性。

因此，教育家开始大力提倡“扬长”的教育理念，这也是新时代的需要。新时代需要自信、有个性的孩子，而这些孩子大多是在激励和赏识的教育中培养出来的。这一理念得到了高情商家长的一致认同。在他们看来，孩子身上的优点、缺点都是特点，不盯着孩子的缺点唠叨，强化孩子的优点就是弱化其缺点。

缺乏自信和骄傲自满一样有危害

我们在生活中或许会发现这样一个现象：带着孩子上街、逛商场玩耍时，身边的人总会夸自己家孩子两句，有夸外表可爱的、有夸聪明活泼的、有夸才艺出众的、有夸懂事乖巧的等，五彩斑斓的夸奖总是能令小朋友两眼放光，却总会迎上父母的一番委婉而谦虚的客套话。

大多数家长往往认为，孩子不能多夸，要谦虚一点，要收敛一点，这样才不会骄傲。所以，面对其他人的夸赞，他们经常会给予谦虚的回答，过于否定自己的孩子。这些负面的评价或过谦之辞总是会成功地熄灭孩子满满的自信，在孩子渴望被赞扬的内心泼上一盆凉水。

有一次，费雯雯带着三岁的儿子糖糖在楼下玩，远处走过来一个牵着外孙的邻居李阿姨。她女儿在外地工作，孩子就只能是老人照顾着。孩子叫乐乐，比糖糖大一岁。李阿姨拿着画板，看起来是要带乐乐上课去。

费雯雯带着儿子走上前打招呼："乐乐去哪儿呀？"

乐乐的姥姥李阿姨回答："带他去上美术课。"

"让糖糖看看哥哥画的画，好吗？"费雯雯轻声问。

李阿姨递过画板。画面上是一个红色小屋，里面手拉手站着三个人，满满的童趣。

"我猜，乐乐一定是想爸爸妈妈了，是吗？"费雯雯看着画说，"构思好巧妙，颜色也丰富，画得真好！"

当乐乐带着些许得意的小表情想要搭话时，李阿姨连忙摆手："一般一般吧。孩子嘛，有个爱好就可以了，也没指着成画家。给他找点事情做，随便画画吧。"

姥姥说这话的时候，乐乐的大眼睛暗淡下去，不说话也不再让欣赏他的作品，扭捏着躲到姥姥后面，也不看我们。费雯雯连忙打圆场："画得挺好的，乐乐真棒，要加油啊！"

李阿姨和乐乐的身影消失在远方。费雯雯心里不时浮现出乐乐那张失望的小脸和悄然暗淡的眼睛。得到了他人的赞美，却得不到姥姥的认可。可见，乐乐当时的内心有多受伤。

家人的负面评价听多了，孩子就会信以为真，认为自己无论怎么努力都还只是“一般般”“不太好”“差得远”的状态，就会因此而否定他们自己，从而形成对自己的一种自卑，这种影响会影响一个人的一生。

做一个用精神食粮喂养他人的人

美国著名心理学家威廉·詹姆斯有句名言：“人类本质中最殷切的需求，就是渴望被肯定。”欣赏、夸奖，就是让孩子成长的精神食粮。物质和精神两种食粮相比较，孩子更渴望精神食粮。一个不懂得给予孩子精神食粮的母亲，让孩子怨恨也就不足为奇了。敬一丹的母亲就是一位很会用精神食粮哺育孩子的妈妈。

央视著名主持人敬一丹四十岁时曾遇到了一道跨不过去的坎儿，是她妈妈对她的夸奖帮她解开了心结。她在《广州日报》上发表过一篇文章，叫《改变什么时候都不晚》：

“一转眼，我就到了四十岁，看到镜子里自己眼角细密的皱纹，我突然有一种深深的危机感和失落感。四十岁，对于一个女人来说，是一道迈不过去的坎儿，尤其对女主持人来说，更是尴尬的年龄。

“我把自己的困惑和烦恼向母亲倾诉了，母亲说：‘丹啊，你不觉得这十几年来，你是越来越美丽了吗？每一个人都不可避免地会变老，有的人只是变得老而无用，可是有的人却会变得有智慧有魅力，这种改变，不是最好的吗？’

“那一刻，我迷茫混沌的心豁然开朗，是啊，年轻女主持人的本钱是美丽和青春，而四十岁的我，虽然青春和美丽已经不再，但我可以靠自己的智慧、学识、修养和内在的气质来赢得观众的喜爱。年龄对一个人来说，可以是一种负担，也可以是一种财富。心态平和了，工作的热情又重新回来了，尽管我已四十多岁了，但领导依然让我在栏目组里挑大梁。”

敬一丹的母亲很可敬。母亲先夸奖女儿“越来越美丽”，给了敬一丹莫大的信心，然后再顺势开导，让女儿心服口服，心结迎刃而解。相信敬一丹的母亲一定是经常夸奖女儿。如果平时敬一丹有了什么想不开的事对母亲一说，母亲劈头盖脸一顿训，估计敬一丹遇到问题也不会向母亲倾诉。正是因为母亲对女儿一贯地欣赏、鼓励，敬一丹才能在第一时间向母亲倾诉心事。

懂得及时给他人以欣赏和肯定

每个人都有优点和缺点，但有些人看待他人时，往往总是盯着他人的缺点和错漏之处，而看不到他人的优点，他们不愿称赞对方，不会夸奖他人，因而也得不到他人的赞赏。

你可以用枪威逼他人，要他乖乖交出钱包，可以用辞退来威胁员工听你的话，也可用体罚或恐吓的办法使小孩服从于你，但是，这些粗陋的办法只能造成一种极为不良的反应。

按照弗洛伊德的说法，一个人做事的动机不外乎两点：性冲动和渴望伟大。美国学识最渊博的哲学家之一，约翰·杜威则有另一种说法，他认为，人类本质里最深远的驱动力就是“希望具有重要性”。

人们对这项需求的根深蒂固、迫切热望绝不亚于对食物和睡眠的需要。它就是弗洛伊德所说的“渴望伟大”，或是杜威所说的“希望具有重要性”，也是威廉·詹姆士所说的“渴望被肯定”。所以，我们要学会真诚、慷慨地赞美和欣赏他人。

把握不好说话的分寸，不善于说好话

有的人会收到他人这样的评价：“他本质上是个好人，就是不会说话，总是惹别人生气。”或者说：“他这个人就是心里藏不住事儿，看到别人的缺点总想指出来，其实没什么坏心眼。”“他就是脾气不好，但是他的坏脾气只要一过去，不记仇。”

有的人这样评价自己：“我是那种生性不喜欢多说话也不会像人家那样嘴甜甜的哥长姐短的人，我只知道无论别人怎么说我，关怀帮助过我的，我永远感激。需要我的时候，我也会义无反顾地去帮助。”还有的人说：“油嘴滑舌，我看不惯。路遥知马力，日久见人心。”

事实上，这些都是不善交际的人给自己找的种种借口。一个人对自己没有要求的时候，其实是给对方提出了很高的要求。他们总是以一种不成熟的态度要求别人能体谅自己的缺点，而自己不改进，这绝对不是对自己负责任的态度。这样的态度只会带来他人与我们的疏离，因为人们不会真正在乎那些在语言上不尊重自己的人。反之，在人际交往的过程中，恰到好处的说好话能够让对方对我们更加信任。

不善于说好话，让家人感受不到价值

网友“天田新异”在其《智慧男避免夫妻吵架的五个绝招》里写到，有位太太擅长烹饪，为老公做的一手好饭菜，可是她老公不善于夸，太太总得不到他的夸奖，结果出现了下面这一幕：

有次晚饭刚坐下，太太就问：“这乱炖怎样？”老公回答：“还可以。”太太又问：“这炖排骨怎样？”老公又说：“还行。”太太有些不高兴：“你这人怎么这么没心没肺，连句好话也不会说！”

看到太太生气了，老公马上进行弥补，当她把汤没好气地放在桌子上时，老公便马上说：“这个好！好！好！”太太问：“你还没喝呢，怎么就知道好不好？”老公回答：“我是说这汤，好，好烫！”太太差点没笑喷。老公接着说："太太做的饭里有爱心一片，千金难买，自然好喝！"太太的气这才消了。

这老公还算有悟性，经历这件事后明白了夸奖的重要性，从此，餐桌上夸声不断，家庭氛围也变得其乐融融。

善于说好话才能激发斗志

在职场上，很多人对"结果导向"这四个字理解得很片面，只关注一个人是不是能做出成绩的结果，而丝毫不关注这个人做出这些结果所需要的能力与态度。形成这种行为模式，可能与我们从小到大在学校里或工作上的经历有关。在这样的思维模式下，很多本来就有些害羞、不善于表扬别人的人，只把目光盯在了工作的结果上。

刘昆是某保险公司的销售经理。有常年在业务一线奋战的经验，使他即便现在带了团队，凡事也要亲力亲为才放心。他觉得，团队业绩之所以能保持领先，就是因为所有事情都完全在自己的控制之中，虽然非常辛苦，但是也很有成就感。

一次部门季度会议，每个销售团队汇报完上季度业绩和下季度计划之后，销售总监说："今天咱们开会的效率很高，还剩十几分钟，大家来头脑风暴一下，看看咱们可以做点什么有效的客户线下交流活动，开拓新客户，维护老客户，最终提升销量。"

刘昆团队里一个刚入职不久的应届毕业生反应很快，第一个发言道："我觉得咱们可以和一些现在很火的知识分享社区合作，定期举办保险理财课，吸引年轻人参加……"还没等她说完，刘昆就打断道："张灿啊，你刚来不久，可能对咱们的客户群体和消费习惯还不太了解。咱们大多数客户都是中老年人，以我这么多年的经验，他们最喜欢的是定期请他们参加咱们的分享活动，吃些东西聊聊天，送点礼品什么的，每次这样的活动，签单率都挺高的。”

张灿不服气，反驳道：“刚刚李总也说了，咱们要开拓新客户。我觉得像我们这些刚工作或者工作不久的年轻人，是一个很大的潜在客户群。我们其实对保险没什么概念，但是愿意去学点理财。如果我们了解清楚保险和理财的关系，是很愿意去投资的，而且二十几岁的年轻人的投资时间也会比四五十岁的人更长呀！”“你这个想法虽然有道理，可是从实际来讲，很多年轻人都是月光族，有的还要靠家长补贴生活费，有财力投资保险的人太少啦！你这个方法有点绕，不实用。”刘昆继续驳回。

这时，销售总监开口了：“小刘，你的经验很宝贵，也很实用，但是我看张灿的想法也非常好。咱们之前就一直想打开年轻人的市场，总是找不到方法。难得有张灿这样的新生力量，她比咱们更了解这个群体的心思。而且，咱们之前的活动都是我们做销售，让客户被动地买；张灿这个方法如果成功了，那可是让客户在思想上主动想买啊！张灿啊，你去把这个想法细化落实一下，咱们再找一个专门的时间来讨论。小刘啊，你是团队领导，也得多鼓励年轻同事发挥积极性啊！”

刘昆看着满心欢喜答应的张灿，心里很不是滋味，干了这么多年，还是第一次被领导当众反驳呢！后来，张灿独立完成了理财课的项目，让刘昆没想到的是，签单量比他之前的分享活动还高。

回到案例中，刘昆也可以这样说：“张灿，你这个想法很新颖呀。可以给团队带来新思路，不错！”还可以针对工作态度说：“张灿，虽然你来公司不久，但经常愿意分享一些新的想法或思路。这种主动的态度，值得表扬！”或者针对新员工的进步加以鼓励：“张灿，我记得你刚来的时候，经常提一些与咱们业务不太相关的想法。但最近我发现你提的想法越来越靠谱，赞一个哈！”

一般来说，针对能力本身的表扬，适用于不自信的人，我们要帮他们提高自信时；而从态度出发的表扬，有助于对方的责任心和主动性；基于进展的表扬，可以同时达到前面两个目的。无论哪种，都有助于我们通过较少的沟通，赢得对方的信任。

感觉对方不喜欢听，不好意思说好话

赞美人这种能力，既包括主动去发现对方身上的优点、进步的能力，更包括合理地肯定、表扬对方的能力。很可惜，我们很多人从小到大都缺乏对这种能力的训练。

很多特有的文化，会影响职场上的沟通表现。比如，很多现在开始带团队的经理或主管，从小成长在一个缺乏鼓励与表扬的家庭，反映到职场中，他们也不太会鼓励下属。或者他们对自己本身并没有足够的自信，以至于担心说出的鼓励和称赞是否画蛇添足。说得具体一些，就是他们要么觉得羞涩而不好意思去表扬他人，要么就像他们爸妈一样，眼里只有问题没有进步。

我们为什么总是不好意思

阿尔伯特·班杜拉是斯坦福大学的心理学家，也是研究自我效能的先行者。对自己做事能力进行肯定判断的心理被心理学家称为“自我效能”，它与自信心密切相关。他指出对自己能力有所怀疑的人与对自己能力深信不疑的人在接受棘手任务时的表现存在明显差异。他说，那些有自我效能的人满腔热情迎接挑战，可是怀疑自己能力的人连尝试的勇气都没有。自信能激发人们的雄心壮志，而自我怀疑则削弱他们的抱负和志向。

“我九岁或十岁时，决定在暑假期间通过修剪草坪赚些零花钱。我弄来一台除草机，征求父母同意，请他们为我支付除草机的汽油费，他们甚至帮我把相关小广告都印好了。万事俱备，只需要我上门挨家挨户招揽生意了，可是我却没有这样做的勇气和信心。”

儿时的记忆让埃伦刻骨铭心，所以他在做了几年管理工作后又回到学校攻读工商管理硕士课程，目的就是要增强自信。即使现在，他早已长大成人，他仍认为：“我觉得最难的事就是与人打交道，与人讨论我感兴趣的话题也不容易。无论是打电话，还是面谈，我都觉得很难。我没有自信。”

自知之明与自信之间联系紧密。我们每个人对自己的内在倾向、能力和缺陷都有大致的认识。对自己的能力坚信不疑的人的工作表现较出色，部分原因是他们的自信心推动他们更努力工作、工作时间更长，也让他们面对困难时百折不挠。通常，我们容易害怕失败，会对不熟悉的领域退避三舍，即使一个人有做好某工作的能力，可是如果没有应对挑战的信心，就会抱着必败的心理开展工作，“我干不了”的想法会削弱人们的工作能力。同样，不善与人沟通，或用语言取悦他人的人，也是受自我效能局限的影响。

如何和内向的人说好话

在日常生活中，我们和内向的人聊天，时常会莫名的紧张，不知道该不该用好听的话和对方攀谈。有时候，虽然我们尽量避免冷场不停地说话，但是在对方看来，他们已经表达了很大的沟通意愿。

其实，和内向的人一起聊天，我们更多的是要尊重他们的感受，并且给他们发言的机会。

曾经有一次，闫肖和部门的同事开会，开会的时候在角落里坐着一位名叫王铭浩的实习生。给人第一印象是很老实、木讷的一个男生，开会期间，大家谈到了很多计划，王铭浩都低头不语。

后来，大家聊到了一个赞助方，希望他们能够为一次活动提供充足而有品位的礼品。分配工作的时候，闫肖安排了王铭浩加入这次活动，并随口问他“没问题吧”。王铭浩立即表示没问题，同时很认真地当场去确认和记录此次活动所需要的礼品数量和时间，并针对不同的情况将礼品做了分类。

更令人没想到的是，他做完这些，居然用低低的声音说了一句：“那这样我就和我姐夫说去……”马上有同事留意到了他的这句话。这时，我们才知道，王铭浩的姐夫就是合作方的重要决策人。

在那次活动中，王铭浩的确发挥了很大的协调作用。后来，有人问他为什么这么低调，他的回答是：“大家没有问的事情，我自己不愿意说。”

到后来，更让大家惊喜的是，王铭浩是团队中一个看似不活跃却很重要的人：开会时，大家一起天马行空跑题的时候，他会羞涩而及时地劝大伙收回话题；当部门举办一些活动的时候，他甚至成了幕后的主角，提醒大家掌握节奏和流程；当通知客户来参加活动时，如果让他去联络和通知对方，他一定会把活动地址的具体位置描述得很清楚，将乘车路线、私家车如何停车等细节全部通知对方。

内向的人就是这样，也许他们思虑事情的想法很周全，也许他们对很多事情也有自己的独特优势，但是你不关注他们的感受，他们就不会主动去说。所以，和内向的人沟通，多关注他们的感受，只要你开启了对方心灵的钥匙，你会发现内向的人心中别有丘壑。

别说你腼腆，不好意思说好话

当你走上管理岗位时，可能会失望地发现：怎么团队成员就是没有自己的表现好呢？这时候，你或许需要开始培养一种你此前没有关注过的能力：信任下属。“信任”不是嘴上说“我相信你能做好”你就真的会相信，它是一种能力，不经过训练，你是无法获得的。它考验着一位管理者的眼光、耐心及能力，需要经历很多事，做很多工作才能习得。

但是，在日常工作中习惯去及时表扬团队，可以很好地训练“信任”这种能力。为什么？因为它在不断激励你自己去发现每一位团队成员身上的闪光点，不断强化这一认识，或许可以帮助你更好地训练说好话的能力。

王硕是一位项目经理，带着十几个人组成的团队，他之所以认为自己不太会说好话，很大一个原因是总觉得不好意思。好在他发现了这个问题，并开始学着用自己和团队都觉得舒服的方式来表扬团队。比如，询问团队的建议，让团队参与决策，或者带着团队一起做一件事，等等，都能提升团队成员的自我认可度，激发员工的热情。慢慢地，随着这样的事儿越做越多，他的口头表扬能力也得到了提高。

如今的职场“90后”越来越多，他们虽然自信、有想法，但也需要上司能够不断肯定他们的想法、成绩，并用他们认可的方式表达赞美。要想促进员工能力的培养，激发团队的士气有时候必须依靠适时的好话加以鼓励和肯定。

自我嫉妒心过盛，不肯说好话

嫉妒心人皆有之，关键是正确认识和驾驭嫉妒。认为对方的长处是对自己的否定，对自己是威胁，损害自己的利益和“面子”，这只是一种主观臆想。只要我们换一种想法，尝试去发现别人的优点，夸奖别人的长处，既可以让对方欢喜，自己也可以取长补短，嫉妒心就可以烟消云散了。

说好话是消除嫉妒心的良药

不肯说好话，就是明明知道对方的优点应该加以称赞，但由于嫉妒对方，不说好话。爱嫉妒的朋友不妨静下心来想想，你是要做孤家寡人，还是要拥有好的人脉？要想拥有好人脉，就应该从不嫉妒人、不说尖刻话、多夸奖人开始。

晓晓是个雷厉风行的人，说话办事都利索，工作上也是完全的行动派，被公司上下称为“执行力楷模”。有一天下了班，晓晓和朋友吃饭，边吃饭边气愤地和朋友聊起自己同一办公室的同事：“你猜她今天跟我说什么？她说‘你做事不要太快了，太快会折寿的。我大姨就是做事太快，六十八岁就过世了。’我真想把当时手里的热咖啡泼她一脸，气死我了。”

本来做事快，效率高，作为同事应该恭喜赞叹，夸奖别人：你做事效率真高，我得向你学习。这样既强化了对方的优点，也加深了双方的感情，但嫉妒心一起，不肯夸奖同事，还诅咒别人，只能让自己少了一个朋友，甚至结下宿怨。

放下嫉妒，与优秀的同事成为盟友

你有没有偷偷关注过与你平级同事的出生年月，他们要比你岁数大你就开心？或者，资历比你浅的同事，居然比你升得快，你很妒忌？有个好项目，领导没找你商量，就给了其他同事，你只能眼红？公司年会上，同部门的小王被领导请上舞台，颁给她最佳新人奖，你心里酸酸的？

从某种程度上来说，职场有时候就像是后宫，你忙忙碌碌，除了固定的工资，更多是在等领导的肯定。肯定你的工作、你的价值、你这个人。但是，领导的肯定是有限的，人的渴望与贪心却是无限的。因此，同事与同事之间难免也会因为都想得到领导的肯定而产生矛盾。化解不好，就会影响自己与同事及领导之间的关系。

刘畅、张晓萌和宋伟丽是同年校招进入某互联网公司产品部的应届毕业生，三个新人刚来时关系特别好，依旧像大学同宿舍的小姐妹一样形影不离。

可是过了两年，这个“铁三角”的关系慢慢开始松动了。原因是在公司年会上，刘畅因为工作能力突出，被领导推荐，获得了公司“黑马奖”。

张晓萌特别真诚地向刘畅道贺。她觉得刘畅实在太厉害了，大家起点相同，但刘畅却能成长这么快，自己得好好向她学习，多取取经。而宋伟丽却心里发酸，凭什么大家一起进公司，她就能得奖？还不是因为她运气好，跟了个好项目。

就这样，张晓萌还是像以前一样，跟刘畅一起上下班、吃饭、聊天，还会跟她请教和讨论工作中遇到的问题。她发现，刘畅的想法真的帮自己开阔了思路，让工作更顺手了。可是宋伟丽呢，慢慢疏远刘畅，暗自较劲儿，还像和小姐妹吃醋的青春期小女孩一样，背后和别的同事说张晓萌“势利”。

后来，公司准备筹划一个重磅产品，参与者都是公司“大牛”级人物。作为“黑马”的刘畅也在名单里，而张晓萌也因为领导看到她进步很快，加上刘畅的推荐，破例入选了。只有生着闷气原地踏步的宋伟丽，默默在心里说：“看吧，就说她们总能赶上好项目……”

“发展”是职场中最重要的事情。要实现发展，除了自己的专业、技能足够优秀之外，机会也特别重要。问题来了，怎样才能提升自己的专业技能？怎样才能抓住好的发展机会？

答案其实很简单：和优秀的人在一起，受他们影响，向他们学习。同时，因为机会属于少数优秀的人，和优秀同事保持密切关系，也有助于你接近机会。“有本事”与“好机会”之间本来就互为前提。宋伟丽就是因为嫉妒心理作祟，一时负气，白白丢了与优秀同事结盟的机会。

跨过嫉妒心的坎儿，发展同盟

职场同事关系中，经常浮动着一股酸溜溜的情绪。这种情绪，导致很多朋友丢掉了看人、看机会该有的积极、自信的心态，眼光也因此变得短浅。反映到沟通上，就变成了上述案例中的宋伟丽，刻意不与优秀的人沟通，心里或背后还说别人的坏话。

想成为与同事一起成长的高情商人士，首先要做的就是调整并改变心态，多与发展得好的同事在一起，自己也能步上快车道。而这正是案例中张晓萌的做法：想办法加入刘畅的项目与圈子，与她结为盟友；平时多与刘畅交流，分享自己的工作心得，借她的嘴，向领导传递正面信息。

这样做的好处，至少有三点：自己在交流中得到提升；通过交流，与刘畅结为发展盟友；最终，获得领导的支持。看不清这三点，岂不可惜？

想做到不卑不亢地沟通，我们可以从两个方面入手：一是真诚地赞美与肯定对方，特别是在别人背后说。比如，偶遇领导被问起“最近怎么样”时，可以提起“最近项目上经常与刘畅交流，自己也学到很多，他很厉害”；二是在赞美对方的同时，也要清清楚楚地表明自己工作的重要性与价值。比如，你和刘畅交流时，也许可以这样说：“你这个想法太棒了！我最近做的项目，性质与你的相似，对公司和客户也很重要，你有什么建议，能帮我落实你这个想法吗？”

与优秀同事为伍，本来就是一个考验、提升情商和沟通能力的好机会。和很多别的沟通技能一样，要练习上述提到的技巧与话术，最重要的是在认知上看到这件事的重要性，并在行动上做出尝试与改变。当你觉得有些不好意思时，不妨在心里告诉自己“不好意思只是一时的小事，长远的发展及好处才是大事”；当你觉得不就是同事关系，不用那么上心时，你也可以提醒自己“今天是同事关系，明天也许是上下级关系”。无论是哪一种，都能促使你跨过心理上的坎儿，融入优秀同事的阵营中。

MAKE PEOPLE LIKE YOU AS SOON AS YOU OPEN YOUR MOUTH

第四章

一句话让人温暖，暖言关爱三冬暖

会讲温暖人心的话是维系良好人际关系的必备沟通技能。学习掌握好好说话的正确方法和技巧，对于改善人际关系，迅速拉近与他人之间的距离，获得认同、说服他人都大有裨益。只要是有说话和沟通的地方，诸如亲人、朋友、师生、上级与员工、经理人与客户之间，甚至与陌生人交往，都离不开讲好话这一门艺术。

与人为善有人助，恶言恶语失人心

《孟子·公孙丑上》："取诸人以为善，是与人为善者也。故君子莫大乎与人为善。"这是与人为善的出处。今天看来，与人为善有了新的含义，即用宽广的胸怀去容纳别人，用善良的心灵去对待别人，用真切的行动去帮助别人。

善，并不是简单意义上的单纯、善良，而是一个人内心的宽容，思想上的博爱，与人与物的积极态度。为善，是一种人生态度，亦是一种人生哲学。

用行动表达你的善意

现实中，我们经常见到人和人在交往过程中，因为彼此之间的戒备和警惕使得本不相熟的人际关系变得更加水火难容，本来心灵相通的至亲好友成了陌路。人们都不愿看到人与人之间相处是冷冰冰的，这种关系让人感觉不到人和人之间的温情，也感觉不到彼此的温暖。

人们是需要爱的，这种爱让人们彼此都能怀着善意的心，它让人们彼此消除隔膜，能够友好相处。当你把自己的善意表达出来，并让别人感受到时，你便成了受欢迎的人，这样于人于己都是有好处的。

一天，林先生一家到餐厅用餐。由于是周末，来餐厅用餐的人非常多，菜迟迟上不了桌，很多客人都吃完饭离桌了，林先生一家人点的餐还没有送来。林先生的妻子让他去催一下，但林先生并没那么做，因为人确实很多，林先生觉得一定是因为餐厅忙不过来，而不是忘记了他们的存在。后来，又等了十多分钟，林先生向服务员确定了一下是否忘记给他们上菜了。没过一会儿，老板亲自带着大厨来向林先生道歉。此时，林先生并没有因为自己点的餐一直没有送来而责备和为难老板，而是表示谅解餐厅现在忙的情况。

在林先生一家吃完饭结账的时候，老板因为林先生的谅解不但给他们的餐费打了七折，而且还免费送给林先生一张贵宾卡，这样的结果是谁都没有想到的。

一般情况下，人们都会因为上餐太迟而向服务员发难，而老板则会以各种理由为自己上餐迟开脱，而不是亲自道歉。这都是因为对彼此缺少宽容，缺少了体谅，缺少了善待别人的心。在上面这个案例中，双方都用行动表达了各自的善意。不用说，林先生一定会成为这家店的忠实客户，而也一定能在下次光顾时得到优待。

用良言表达你的善意

永远不要等到别人微笑才开始面带善意，假如我们对待别人多一分善意，多一分宽容，那么我们将收到的可能不仅仅是对方给予自己的善意，还有自己意料之外的收获。要相信，我们的善意最终会换来善意的回报。那么，该如何让他人感受到我们的善意呢？更为直接的办法是用良言表达出我们的理解与诚意。

高岳阳是一家跨国公司的大区经理，曾经遇到过这样一件事，在他的团队中需要培养一个副手。有两个同事的业务能力很突出，由于高岳阳平时很留心观察两个人的工作表现，于是在他稍作考虑后，给其中的一个人升职了。

另一个人很委屈，对高岳阳说："高总，我们一起共事三年了，我不明白为什么你这么一个公道、聪明的人，也会喜欢那种会耍嘴皮子的人。"

因为这名老员工是踏实肯干的人，也的确是团队中的核心员工，听他这么说，高岳阳也愿意和他开诚布公地聊一次："你对余副总有看法？"

他说："我觉得我和他相比，自己具备几个优势：第一，我的业绩并不比他差；第二，我和同事的合作比他要顺利，他和同事起过冲突，我一次也没有；第三，他总是夸夸其谈，想法很多，但实现得很少。"

高岳阳听他这么说，才发现这位一向沉默寡言的老部下一定是思虑很久，才有备而来。

于是说道："你的这些想法一定把自己折磨了很久吧？"

他本来很有气势，但一听高岳阳这么说，他默默地点了点头并说道："我只是想和你推心置腹地谈一谈，就是想知道你对我的看法究竟是怎么样的。"

高岳阳面带微笑说："我认可你的工作能力，我觉得余副总也需要你的协助，才能一起把团队带好。但是，我并非是因为余副总只会耍嘴皮子才让他升职的。如果是这样，你对我也是没有信心的。针对你对他的看法，我们可以换个角度来看。"

稍微顿了一下，高岳阳接着说："第一，你们业绩相当，也就意味着余副总的业务能力也很强。第二，他和同事起冲突固然不对，但是你这么多年是怎么工作的，我比你更懂得你的委屈。很多时候，你为了回避和同事的矛盾而委曲求全，让自己承担了太多的任务和压力。从这个角度来看，如果让你升职，你这么在乎人情的一个人，可能会在新的工作中更受委屈和更被动，这对你未必是好事。第三，在你看来，余副总提出了很多建议，平时很能夸夸其谈。可是，表达能力也是一种领导力。此前，我没有给他更多机会让他把想法投入项目，是因为他还不是这个部门的决策人，但当一个人成为一个领导之后，他就可以带着团队实现更多的创新了。因为一个好的领导不是听他的领导告诉他接下来要做什么，而是他要告诉所有人，接下来他要做什么。显然，他平时已经对自己有了这样的要求和训练，而他只是欠缺这样一个机会而已。”

这位同事听到这些话后，是很平静的，表示出了一个团队老大哥惯有的忠厚和虚心。他是个厚道的人，但是脑子转得并不慢，他随即表示一定会继续支持高总和余副总的工作，也会在团队中积极地起好带头作用。

假如不理解别人的行为，也拒绝与人沟通，那么即使我们本是善意的，我们所表现出来的善意也未必合对方的心意，别人不仅感受不到，还有可能弄巧成拙。所以假如我们想让人感受到善意，就应细心观察体会对方的言行，平时多了解他人的情况，这样更有利于我们用语言表达我们的善意。

让妙言妙语打破索然无味的交流

我们都喜欢和有趣、有料的人聊天，如果遇不到这么有趣的人，那么，就让自己成为一个有趣、有料的人吧。尤其当我们遇到特别无趣的聊天时，我们可以用有趣的方式打破索然无味的聊天局面，甚至能更好地应对对方的有意刁难。

用巧言妙语为谈话开个好头

和善于倾听的人聊天是一种享受，和没有时间听我们说话的人聊天，有时候却是我们不得不面对的窘态。和这样的人聊天时，我们要迅速吸引对方的注意力。不然，即使有再多的真知灼见或者新鲜、有趣的笑谈，如果不能在开聊的三分钟内让对方精神一振，那么无论怎么努力，对方都是意兴阑珊。

那么，我们怎么能吸引对方的注意力呢？尤其对于那些经常听恭维话的人来说，他需要听到一些让自己精神一振的话。所以，我们可以大胆地“刺激”对方，让对方的思维活起来，这样也能给对方留下深刻的印象。

由于工作需要，罗浩常常需要面对一些创业者和企业家。这两类人相对来说都不是好的倾听者，因为创业者和企业家的时间和注意力都是成本。可是，罗浩为了接下来的谈话能够顺利开展，不得不在正式谈话开始之前说些什么。

在最近的一次洽谈中，罗浩引用对方曾经说过的话，从中加工出一个问题作为开场白：“您曾经在很多场合讲过您做企业的初衷和您对该企业的发展愿景，其中您讲到过您一定不会让自己的企业涉足一些您不了解的行业。可是，我发现近年来，您的企业在传统的行业里也在布局和谋发展，您是怎样看待自己的这种变化呢？”

对方饶有兴致地聊起了自己创业初期的事情，罗浩顺着对方的话，紧接着抛出了第二个问题：“任何企业的发展都要经历初创期、发展期、成熟期和衰退期，您有没有对自己的企业在未来可能要面临的衰退期做一些计划和准备？”双方在这两个问题的探讨中顺利延伸到了本次的谈话主题。

这些问题听起来只是从企业发展规律出发提出的一些常规问题，看起来并没有什么特别，但如果在合适的时机下问出，就会绵里藏针，令对方眼前一亮，印象深刻。

深入浅出的表达更有趣味

在生活里提炼幽默，它是一种特别巧妙的日常语言艺术，妙在深入浅出，自然组合，使原本没有多大意思的话变得含蓄而有意趣。

爱因斯坦的《相对论》，据说当时全世界没有几个科学家能看得懂。一天，一个小伙子遇见了爱因斯坦，他想直接搞清楚什么叫《相对论》。爱因斯坦笑着对小伙子问道："如果你和一个年轻、漂亮、让你心动的姑娘一起约会两个小时，你会觉得时间长还是短？"小伙子回答的果断干脆："我会觉得时间非常短，只约会了两分钟而已。"爱因斯坦接着问："如果有一个老妪，长相难看，你要和她一起待两个小时，你会觉得时间长还是短？"那位小伙子迅速地回答："我会觉得比两天还要漫长。"爱因斯坦笑了笑，对小伙子说道："这就是相对论。"

令人很难理解透彻的"相对论"经爱因斯坦之口说出来，就变得如此简洁、风趣、浅显、易懂。由此可见，话语不在高深而在其理，言谈不在多而在其精，能简单清爽表达出来的话，就没有必要搞那么复杂。长篇大论固然能说明白一件事，但是长话短说，三言两语能将意思明白、完整、清楚地表达出来，这不是每个人都能做到的。

喋喋不休是说话索然无味的根源

欧洲有一句谚语说得非常好："简洁的谈话未必是最好的，但最好的谈话总是简洁的。”食物再怎么美味，吃多了也会腻的；话语再怎么好听，说太多也会让人感到厌烦。在人际交往中，简单直接的表达不仅能节省彼此的时间与精力，更能够体现出一种求真务实、化繁为简的沟通智慧。

每年的奥斯卡颁奖礼，吸引着全世界影迷的目光。大家不但能欣赏到世界级影星们的风采，而且还可以听到精彩的获奖者致辞。奥斯卡颁奖礼有一项很特别的规定，那就是影星们的获奖致辞时间严格控制在四十五秒内，超过了会有红灯警告，舞台上的乐队就会奏起《请君下台》的幽默诙谐的乐曲。1972 年世界闻名的喜剧大师卓别林获得奥斯卡奖项时，他只说了一句话：“此刻，言语是多么多余，多么无力。”

卓别林就这么一句话，他不但真实地表达了自己的心情，而且征服了台下所有的观众与影迷。

社会生活中有的人善于言辞的表达，喜欢叽叽喳喳说个不停，总认为自己有社交能力，博学多才，此时也许他身边的人心里早已经开始厌烦，已迫不及待地想要结束这种受折磨般的谈话。

喋喋不休地高谈阔论和漫无边际地东拉西扯，不但不能体现出说话者的智慧，反而会使他的个人魅力与形象降至冰点。大家虽然喜欢彼此之间的沟通与交流，当沟通和交流变成了一方的“独角戏”，而自己的精力与时间被慢慢消耗掉的时候，没有几个人会愿意心平气和地继续这样的谈话。

很多说话啰唆的人，大多时候是因为情绪激动，思维混乱，且语言条理不清，词不达意。因此，要做到说话简洁，不拖泥带水，大家就要在语言和思维两个方面努力，不断练习，掌握方法，适度表现。当然，如果大家平时在有趣这件事上多下功夫，那样，与人交流沟通起来就会更加轻松容易。

善意的谎言背后饱含深情厚谊

著名作家卢梭说："我从没有说谎的兴趣，可是，我常常不得不羞愧地说些谎话，以便要会说善意的谎言使自己从不同的困境中解脱出来。有时为了维持交谈，我迟钝的思维，干枯的话题迫使我虚构一些事情以便有话可说。"

林语堂先生也曾说过："我一直苦苦思索，什么是中国人的教养？于是发现以下三点：一、说谎；二、具有像绅士一样说谎的能力；三、以幽默感理解自己心境的平静，并且对地球上的任何事物都不过于热衷。"

善意的谎言本质上是减少伤害

真理和事实是客观的，有人说"撇开道德的标准，谎言就是一种智慧"。事实上，善意的谎言更像是一块充满人文关怀的遮羞布。生活中，很多时候我们不得不用善意的谎言这块遮羞布来掩盖生活的残酷。

张森刚到北京发展的时候，老家来了一位校友。校友带了好几个家庭条件不是特别好的同乡，想来北京找点活儿干。

张森也是在陌生的环境中刚刚立稳脚跟，的确帮不上什么忙，所以内心有些过意不去，于是就带校友一行人去一家有名的餐厅吃北京菜。当时花了不少钱，结账时，大家没想到这么多，都不想让张森一个人掏钱，于是纷纷表示愿意自己出钱付账。

他们不赚钱却要花钱，张森实在不忍心，于是就赶紧说："不用担心我，我认识这家店的老板——"张森没有再继续说下去，大家也没问。会意之后，他们马上就不抢着付账了，这也是张森愿意看到的。

其实，张森的确见过这家店老板一两面，不过是连招呼都未打过的陌生人，所以张森也没有说后面的话。但是大家意会到的是，张森因为有关系、能打折，或者少花钱。那一顿饭，基本上花了张森半个月的工资。后来的半个月，他都是在很窘迫的状况下度过的。

有意思的事情发生了。有的老乡回老家之后，不但描述了张森的盛情款待，更重要的是，还讲了张森如何有本事，与大餐厅的老板都如何熟悉，如何吃饭都不用花钱……

就这样，有个生意人通过这些描述找到了张森，问能否介绍他与这家餐厅的老板认识一下，他想提供有特色的当地土特产的低价供货。没办法，张森只能硬着头皮上，没想到很顺利地把老板约了出来。更妙的是，两个人的生意居然谈成了。此后，张森就真的成了这家餐厅的贵宾，吃饭真的可以打折了。

生活中有很多人厌恶谎言，这是因为谎言往往意味着欺骗和伤害。不过，凡事都不可一概而论，某些情况下，谎言也可能是善意的，甚至有些是出于好心。当遇到这种情况的时候，千万不要一味地指责和埋怨他人欺骗自己，而是应该洞察他人的初衷，从而理解和体谅他人，识得他人的好心，也领会他人的深情厚谊。

客观看待问题，谨慎使用善意的谎言

事实上，如果一个人的谎言纯粹只是为了让自己在意的人过得更好，他的撒谎行为就是可以接受的。当然，这并不意味着在涉及谎言方面，不能有一点儿私心。这既不现实，也不客观。

麻省大学的心理学家罗伯特·费得蒙经过研究发现，60% 的人在 10 分钟的交谈中撒谎 2 ~ 3 次。他还发现撒谎高手通常人缘都比较好。这个研究结果似乎违背社会道德常识，但却不难在生活中得到印证。

与经常撒谎的人相比，那些从来不撒谎的人会发现自己经常得罪人，而且做事总是四处碰壁。即便是那些把实话说得很委婉的人，也无法完全摆脱这样的困境。

那么，结合以上观点，我们是否应该得出这样的结论：为了更好地在社会上生存，我们可以适度而善意地撒点儿谎？善意的谎言作为应急之法、权宜之计可以偶尔为之，但不适合常用。毕竟天下没有不透风的墙，谎言总有被拆穿的一天。而且一个人说得谎言越多，被发现的概率就越大。一旦谎言被戳破，即使初衷是善意的，对方对你的信任度也会大幅下降。

所以，在用善意谎言的时候，有两点需要特别注意。首先，我们不能赤裸裸地欺骗对方，比如明明什么事都没做，还把所谓的辛苦描绘得栩栩如生。其次，我们的谎言不能给对方造成经济上或者精神上的损失。比如，对方已经到了穷途末路的地步，想赶紧找个工作维持生计，结果答应帮助对方，却整天晃晃悠悠好像没事人一般。这种做法就是非常不应该的了。

人活着总有很多不得已，有的不得已是针对自己，有的不得已则是针对他人。不管出于怎样的意愿，假如我们想要给予他人更多的关怀和照顾，就应该学会权衡事情的利弊，再酌情做出决定。当然，也不要一味地从自己的角度出发，更应该从当事人的角度出发，根据当事人的脾气秉性，再作决定。不管是善意地欺瞒，还是直言相告，我们都要非常谨慎，绝不要推己及人，轻而易举地代替他人做出决定，或者剥夺他人知道真相的权利。

总之，在用谎言表达爱和关照时，不要以好心作为撒谎的借口和理由，我们必须设身处地地站在对方的角度考虑，这样才能顾及对方的感受，不至于让善意的谎言变成恶意的伤害。

尊重他人是修养和智慧的集中体现

在任何情况下，尊重都是人与人之间交往的基础。一个人只有懂得尊重他人，才能赢得他人的尊重和信任，从而使人际关系更加和谐融洽。尊重，不仅在陌生人之间必不可少，在熟悉、亲密的人之间也是沟通的桥梁、友谊发展的基础。

尊重他人是修养和智慧的集中体现

与人相识、相交，最重要的一条是要学会尊重，有道是“人敬我一尺，我敬人一丈”。只有尊重别人，才会得到别人的尊重。尊重别人是一种素质，是一种修养，是一种智慧，是一种胸怀，它体现为理解、信任、团结、平等。学会尊重别人可以给人以自信，给人以力量，给人以温暖。

因出演《盲井》而获得第40届金马奖最佳新人奖的王宝强到台湾去领奖。王宝强在排队进洗手间时，偶尔地一回头，发现了排在自己身后的影视巨星刘德华。有些紧张的他立即闪到刘德华身后，说：

“你排前面吧。”刘德华看着面前这位不相识的年轻人，友好地谢绝道：“不不不，你先请。”随后两人就互相推让起来。最终，刘德华还是坚持排在了王宝强的后面。

方便之后，从未使用过感应式水龙头的王宝强到洗手池旁洗手。面对水龙头，他先扭后按再提，可就是不见水流出来。他有些纳闷：咦，明明看见前面的人刚使用过，怎么突然就不灵了呢？

因为身后还有人等着洗手，王宝强急得额头上冒出了细汗。这时，正准备往外走的刘德华，从壁镜中看到了王宝强的窘境，于是便转过身抠抠指甲缝，假装还没有将手洗干净的样子，然后走近洗手池，将双手放在了水龙头下面。两秒钟过后，水自动流出来了。

刘德华的“示范”，让王宝强立即明白了是怎么回事儿，于是，他也将手放在了水龙头下面。

事后，王宝强感激地说：“当时，刘德华连我的名字都不知道，但他仍假装没将手洗干净，折回来给我做了一次示范。善解人意的他，照顾了我的面子，以一种润物无声的方式帮助了我。对此，我很感激。”

在日常生活中，谁都难免会遇到像王宝强所遇到的尴尬情形。面对王宝强不会使用感应式水龙头的情形，刘德华没有当着众人的面直接告诉他怎样使用，而是以重新洗手的方式给对方做了一次“示范”，在他人没能察觉的情形下，及时帮助王宝强解除了窘境。这种充分顾及他人的心理感受和自尊心的帮助方式，堪称高情商的典范。

给弱者以尊重更显可贵

尊重他人，原本是我们应该做的，不管对方是老人，还是年幼的孩子，我们都应该给予对方足够的尊重。要想做到尊重他人，就要不分长幼尊卑，一视同仁。只有这样，我们才能如愿以偿地得到他人的尊重，使人际关系更加和谐融洽。

赵静和朋友刘海燕在便利店里买东西，店员找给了她们几枚硬币。从便利店出来后，两人发现不远的天桥上坐着一个乞丐。赵静看他可怜，就说："我们干脆将硬币给这个乞丐吧！"刘海燕附和说行。

乞丐面前放着一个缺口的铁盒，铁盒里放着寥寥可数的零钱。赵静直着身子把几枚一元的硬币抛进铁盒。乞丐点了点头，说："谢谢！"

而刘海燕则蹲下身子，将几枚硬币轻轻放到铁盒里。乞丐站起身来鞠了一躬，诚恳地说道："谢谢您！谢谢您！"

由于赵静和刘海燕在帮助乞丐时姿态不同，所以她们的行为引起了对方不同的反应：赵静无意之中将自己当成了救世主，以高人一等的姿态，居高临下地对待乞丐，所以她给乞丐的硬币，被乞丐当成了"嗟来之食"，乞丐因此也就只是出于礼貌对她说了声"谢谢"；而刘海燕在帮助乞丐时则弯下了腰，以平等的态度对待他，体现了一名帮助者对受助者应有的尊重，最终赢得的是乞丐发自内心的感谢。

尊重他人，成就自己

尊重别人不是同情、怜悯，更不是赏赐，尊重不是单向的，而是相互的。帮助别人等于帮助自己，尊重别人也等于尊重自己。

1979 年的夏天，高考前，北京广播学院提前面试招生，初试那天，李瑞英找了篇短文临时抱佛脚，在校门口，她遇见一位白发老人，从穿着上看此人可能是个看门的。李瑞英心想，即使是个看门的，耳濡目染也差不到哪里去，何不请他帮忙听一听发音。

老人家见李瑞英又礼貌又诚恳，不但没有拒绝，居然还帮助她纠正了几处发音。末了，老人家笑着对她说："还不错，十有八九能考上，但还须努把力。"

万万没想到，一进考场，主考官的位置上赫然坐着被李瑞英误认为是"看门老头"的那位长者。后来才知道，他就是播音界的权威人士张颂教授。李瑞英轻松回答，沉着应对，结果，她竟以优异的成绩叩开了高等播音学府的大门。

著名作家萧伯纳曾说："一个人无论有多大的成就，都要永远谦虚，不要把自己看得太重，忘记尊重别人。"每一次对他人的尊重，都是给自己的一次机会，也许就此能让你走向成功。

夫妻在朝夕相处中学会尊重对方，才能使爱天长地久；同事之间在工作生活中学会尊重对方，才能使友谊之树常青；邻里在相互谅解中学会尊重对方，才能和睦相处；上级长辈在批评中学会尊重对方，才能使其认识错误，不断成长进步；在商场激烈的角逐中尊重对方，才能为自己赢得信誉和商机。

每个人，不管是在日常生活中，还是在工作中，都难免要与他人沟通。尤其是现代职场，我们经常因为工作关系需要与陌生人打交道。在给他人留下良好的第一印象时，讲究"礼仪"，给予对方足够的尊重，是必不可少的。人人都有强烈的自尊心，渴望得到他人的认可和尊重，我们只有推己及人，恰到好处地照顾他人的颜面，才能博得他人的好感。

真诚寒暄，叩开陌生人的心门

对于素不相识的人，如何进行一次友好的谈话是关键。很多时候，人们对于陌生人总是怀有戒备心理，这往往是因为此前并不了解对方，所以难免会觉得对方难以亲近和接触，由此产生抵触情绪。如此一来，人际交往就会因为紧张和戒备陷入恶性循环之中，导致无法顺利进行。其实，任何时候，我们都应该以真诚打动人心，毕竟只有真诚才是人际交往的桥梁；只有以真诚作为敲门砖，我们才能顺利打开他人的心扉，赢得他人的信任和尊重。

真诚寒暄的关键是找准切入点

对于第一次见面的人，双方的谈话可以从寒暄开始，在这方面，很多人采取的措施是没话找话说，随便与对方聊天。其实，有效的寒暄能够迅速打开话题，让对方有兴趣与你交谈，使双方之间建立起彼此信任的关系，但是不当的寒暄会让对方一开始就对你产生厌烦，之后想要扭转局面就会变得尤为困难。因此，寒暄绝对不是一个可有可无的环节。我们需要有效地掌握与对方寒暄的方式，让对方卸下防备之心。

周末，林美慧带着女儿布布去小区的广场玩。因为布布大多时候都是由姥姥带的，所以林美慧和小区里的小朋友以及家长们都很陌生。看着女儿到了广场就与一个叫佳妮的女孩儿玩了起来，而且看似非常熟悉的样子，林美慧便和佳妮的妈妈搭讪：“你家女儿多大了？长得可真漂亮！”有哪位妈妈会拒绝他人对自己女儿的赞美呢！

佳妮的妈妈马上满脸笑容地回答："我闺女5岁了，你家的女孩儿呢？多大了？"林美慧说："我女儿也是5岁，不过她是下半年生的，生日比较小。"佳妮的妈妈说："嗯，看起来的确觉得神情幼稚一些。孩子就是这样，越是年纪小的时候，即便相差很短的日子也能看出来。对了，我看平日里是她奶奶还是她姥姥带得比较多？"林美慧说："是啊，我平时工作比较忙，只有周末才有时间陪伴她。我看她们玩得高兴，也猜到她们有可能经常一起玩……你家孩子呢，是你自己带，还是老人帮忙带？"

就这样，林美慧和佳妮的妈妈你一句我一句，聊得不亦乐乎。很快，布布和佳妮成了好朋友，她们的妈妈也成了好朋友，经常带着孩子们聚在一起玩耍。

在这个事例中，林美慧显然很懂得搭讪之道。对于一个拥有女儿的妈妈而言，别人对她女儿的夸赞就是最好的寒暄。因而，佳妮的妈妈几乎对林美慧毫无抵触心理，而且还因为林美慧赞美她的女儿，对林美慧颇有好感。对于两位妈妈而言，孩子就是她们最感兴趣的话题，也是她们最好的交流话题。

用称赞的方式寒暄叩开心门

交谈是增进人与人之间情感的润滑剂。很多人认为，与陌生人交谈困难重重。其实并不是这么回事。

朋友郭晓艾每次买西瓜都能买到又脆又甜的，室友很好奇，向她取经："西瓜怎么挑？"郭晓艾的回答让室友惊呆了。她说："我不会挑西瓜，但我知道怎么让卖瓜师傅帮我挑。每次在西瓜摊跟前，我都会跟卖瓜师傅说：'昨天，我从您这里买了一个西瓜，是我今年夏天吃过最甜的，我觉得您挑得特准，今天麻烦再给我挑一个呗！’然后，我就发现那位卖瓜师傅一连拍了八个瓜，手都有点抖。直到拍到第九个瓜才把瓜搬到秤上。付完钱，卖瓜师傅的语调都变了，特别柔和，他还说：‘姑娘，瓜不甜就送回来。’”

在此，郭晓艾选择了用称赞的方式作为寒暄，这样做不但快速地获得了卖瓜师傅的好感，也达到了买到好瓜的目的，可以说是一举两得。

良好的沟通氛围必不可少

对于一场谈话而言，氛围是很重要的。有时候，良好的氛围能够引导人们深入交谈，也能使人们谈兴更浓。与此相反，假如谈话没有氛围，彼此之间难免会觉得尴尬生硬，很多话题也就难以水到渠成地提起。那么，如何才能以真诚打开他人的心扉，从而进行一次和谐融洽的谈话呢？

首先，对待陌生人，我们理应面带微笑。微笑，是人与人之间最美好的语言，即便在从来没有沟通的情况下，笑容也能够瞬间拉近人们之间的距离，使人们心灵更加贴近。试想，你是愿意和一个面带微笑的人交流，还是愿意和一个一本正经、满脸严肃的人搭讪？答案当然是前者。

其次，在与陌生人寒暄之时，我们一定要找准话题，争取在寒暄之初就得到对方的认可和好感。否则一旦引起对方警觉，再想打消对方的戒备心理就很难了。也许有人会说：“我不知道陌生人对什么话题感兴趣。”其实寒暄的话题有很多，最重要的是认真观察对方，揣摩对方的心思，这样才能一语中的。

在与他人寒暄时，我们应该学会察言观色，根据对方的诸多表现，选择最适合对方的话题。只要我们处处留心，细致观察，总能找到合适的话题，开展一次愉快的谈话。如果能够适当调节谈话的氛围，还可以为此后的深入交谈奠定基础，从而使得彼此的交流更加深刻。

当然，寒暄最忌讳的就是冒昧，也不要交浅言深。在与陌生人初识的时候，不妨就从最无关紧要的话题开始谈起，由此引发新话题，顺势而为，切勿强求。记住，不管以什么话题作为谈话的切入点，真诚都是首要的原则之一。我们理应相信，只要我们足够真诚，对方一定能够感受到我们的真诚，也能够给予我们最美好的回应。

用一个好话题拉近彼此的心理距离

有人说："交谈中要学会没话找话的本领。"所谓"找话"就是"找话题"，找交谈的切入点。就像写文章一样，有了一个好题目，往往会文思泉涌，一挥而就。同样，双方交谈，有了一个好的话题就能使谈话融洽自如。好话题，是初步交谈的媒介，深入细谈的基础，纵情畅谈的开端。好话题的标准是：至少双方对话题比较熟悉，能谈；大家感兴趣，爱谈；有展开探讨的余地，好谈。

不善言谈在交际场合中很容易陷入尴尬局面。因此，要想在交际场上得心应手游刃有余，必须掌握在场面上善于没话找话的诀窍。没话找话说的关键是要善于寻找话题，或者根据某事引出话题。因为话题是初步交谈的媒介，是深入细谈的基础，是纵情畅谈的开端。没有话题，谈话是很难顺利进行下去的。

投其所好是个不错的选择

投其所好就是从顺向的角度，向对方发起的一场心理攻势，在顺从的过程中化解对方的攻势，并从中发现其破绽，找到解决事情的突破点。这一招以取悦人为前提，容易攻破内部堡垒，所以，想要快速找到好话题以拉近彼此的关系，投其所好是个不错的选择。

作为一名保险推销员，刘新娜经常遭遇客户的闭门羹。为此，她拜师学艺，好不容易才从一个经验丰富的保险推销员那里找到了与人攀谈的绝密武器——找好话题。

最近，刘新娜正准备去拜访潜在的大客户赵经理，争取得到赵经理手下几百名员工的商业险。一旦签下这一单，刘新娜就能完成一年的营业额，接下来就轻松了。为此，刘新娜很重视这个赵经理。因为他也算是当地有名气的企业家，所以刘新娜通过各种渠道轻而易举地搜集到了关于赵经理的相关信息。她惊喜地发现，赵经理居然喜欢玩滑翔伞。在他们所处的地级市，滑翔伞无疑是项非常前沿和高端的户外运动，甚至有人连听都没有听说过。为此，刘新娜马上开始熟悉滑翔伞的相关资料，她的目标是：虽然我没有办法亲自体验滑翔伞这项户外运动，但是至少能够与赵经理顺畅沟通。

做足准备之后，刘新娜就带着相关的保单登门拜访赵经理。果不其然，刘新娜险些吃了闭门羹。见到赵经理之后，赵经理的态度冷若冰霜。简单寒暄之后，刘新娜看着玻璃柜里展示的照片，说：“赵经理，您是滑翔伞爱好者吗？”提起滑翔伞，赵经理眼前一亮。他说：“是啊，难道你对此也有研究？”得到赵经理的回应，刘新娜开始侃侃而谈，说：“当然，我一直对高空类户外活动感兴趣，只不过经济实力有限，还从未亲自体验过呢！”接下来的时间里，刘新娜变成了一个勤奋好学的学生，赵经理则好为人师，把自己的心得、体验全都分享给了刘新娜。最终，他们不知不觉间竟然聊了几个小时，刘新娜丝毫没有提到保险的事情，而是把资料给赵经理留下后就告辞了。

过了一个星期，就在刘新娜等得着急时，赵经理居然打来电话，邀请刘新娜去他的办公室，说想要详细了解下保险条款，刘新娜欣喜若狂。这次和赵经理见面时，他们俨然已经成为老朋友了。就这样，刘新娜顺利签下了赵经理手下几百名员工的保险订单。

每个人都有自己感兴趣的事情，如果有可能在即将面对陌生人时，不如提前搜集相关资料，从而做到有备无患，更好地与陌生人打交道。一旦找准话题，与他人的交流就会事半功倍，一见如故也是有可能的。

不投其所好也能擦出火花

常常听到一些沟通专家讲亲密关系的沟通。他们说：“为了让你和你的伴侣之间有共同语言，你不妨在聊天的时候主动去聊对方感兴趣的话题。例如，你可以关注对方喜欢的事情，去学习对方正在学习的事情，这样就可以聊到一起去了。”

从操作层面，这个建议实现起来难度很大。首先，对方如果喜欢的事情是金融、科技、高端医疗美容，我们花很短的时间只能掌握一点儿皮毛，很难找到一个话题切入。当我们带着这种生硬开始聊天的时候，对方也会感受到这种生硬和刻意。

其次，当我们去聊对方最懂的事情时，更容易让自己露怯，因为如果我们研究的不到位，即使开始的时候对方想和我们深聊，但是聊了几句之后，我们后续乏力，会让对方觉得鸡同鸭讲、索然无味。

最后，很重要的一点是，生活中我们要懂得讲究平衡之道。人是有自我尊重需求的，当一个人一味地付出而得不到回报的时候，必然会心生怨念。聊天的道理同样如此，当我们只聊对方感兴趣，而自己毫无求知欲的话题时，我们的内心是委屈的，内心也会有一种要求补偿的心理。如果对方积极响应、符合我们的心理期待尚可相安无事，但如果我们硬着头皮聊了很多自己以为对方应该很感兴趣的话题，对方反应却很冷淡，貌似在听我们说话，其实完全不走心、不领情、不回应，就一定会招致彼此间的冷暴力，或者加剧双方的疏离感。

好的聊天就是两人都享受其中

好的聊天是两个人都能够享受聊天的状态，当一个对足球完全不感兴趣的人为了对方去硬聊足球的时候，他一定是矮化了自己的。这种委曲求全产生的不快乐会令他更加丧失自信。

那么，放弃投其所好的思路，我们该如何和对方聊天呢？我们要明白，投己所好和满足对方需求之间是可以兼顾的。重点在于，我们要有这样的思路和意识。

比如，一位全职主妇，当她的老公下班回家，她无法和对方聊他事业上的话题时，她该说什么呢？她在心态上需要建立自信，不要因为自己是全职主妇而不是职业女性就妄自菲薄，在聊天的话题上她应该知道自己比职业女性更有优势，因为她可以聊老公想知道，而还没有知道的事情。

当我们思考到对方的痛点是什么的时候，聊天话题即使没有刻意投其所好，也能给对方提供他最在乎的信息。当一个父亲在职场打拼的时候，即便他对自己的家庭情况非常关心和在乎，他所掌握的信息也不会太多。比如，他想参与孩子的成长，却苦于没有合适的机会来表现自己；他想了解和确定自己的家庭是否在一个很和谐的状态下运转，却无法靠自己来判断；他想知道自己的家庭中是否存在一些需要他才能克服和解决的困难让他来刷存在感，同样需要他的妻子为他提供机会；他想了解自己辛苦打拼赚来的财富是否得到了很好的理财计划的保障，也无从得知……

一切他想知道，而分身乏术无法了解的事情，都是妻子发起的好话题或是增进关系的机会。于是，她聊孩子在学校里的趣事，比硬聊足球给他带来的快乐更多；她聊家庭聚会的安排比硬聊“风投”给他带来的价值更大；她聊家庭成员和朋友们的消息，比硬聊人工智能给他的放松感更多。

良好的礼仪习惯赢得他人以礼相待

随着人与人之间的接触越来越密切，人际关系的良性发展也变得越来越重要。好人缘和气场强的人往往要比一个有较强个人能力的人更容易取得成功。但是好人缘和强气场也不是凭空而来的，而是通过良好的礼仪习惯，在各种场合下规范自己的礼仪行为获得的。

凡是那些待人接物礼貌周全的人，很容易就会得到他人的好感与帮助，而那些自以为是，对人态度恶劣的人往往很难得到他人的青睐，也不会有人愿意真心地对其施以帮助。一个注重礼仪的人很容易在人群中脱颖而出。在礼仪越来越能表现一个人品质的时代里，养成一个懂礼节的好习惯是非常重要的。

礼仪缺失破坏人际关系的良性发展

如果我们留心观察周遭，不难发现，礼仪的缺失往往带来谈吐的缺陷，而这些可能是导致个人事业波折或损及所服务类机构的荣誉与利益的直接原因，缺乏礼仪的谈吐和行为还会导致家庭不睦、夫妻离异、商业合作关系紧张甚至破裂。

王凡就职于某大型电脑公司，担任系统工程师一职已六年。王凡技专业过硬，对待工作认真负责，并且十分照顾晚辈，是公司的部门经理候选人之一。但他却在一次与客户的交涉中，犯了意想不到的大错误。

在一次为客户服务的集团讲解会上，王凡极认真而详细地解说电脑的操作和内容。在讲解会的休息期间，他前往洗手间，洗手时发现没有洗手液。他看见隔壁放着一块香皂，但正好有一位老人在用。王凡由于赶时间，未向老人打声招呼就径自伸手将香皂取过来用，然后在隔壁随便抓把卫生纸擦手，就匆匆走出去了。

老人对这个陌生人不问自取的行为非常生气，而这位老人正是这家客户公司的董事长，“这么不懂礼貌的人，是哪家公司的人呢？”

这位董事长询问后，知道了是电脑公司派来培训的工程师，结果使得原来订下的电脑全部被退单。电脑公司的总经理不明所以，也开始调查原因。得知前因后果之后，电脑公司总经理特地带着王凡和客户公司的董事长解释，但还是无法挽回王凡所造成的恶果，王凡也因此引咎辞职。

王凡本来是位很有前途的优秀工程师，却因为一个微不足道的无心之过丢了努力了六年的工作，实在遗憾。由此可见，短短的一句话，也是不容忽视的。礼貌，不仅是我们对他人的馈赠，也彰显了我们自身的涵养和素质品质。很多时候，我们抱怨他人没有很好地对待我们，其实更应该做的是反省自身。

尊重他人是懂得礼仪的最基本要求

尊重别人会给人以巨大的力量，而被尊重者自然也就会获得他人的鼓励，所以我们要学会尊重他人。尊重他人是懂得礼节的最基本要求。一个人也只有在尊重他人的基础上才能自如地展开社交活动，建立广泛的社会关系，为自己的事业成功创造良好的人际关系环境。

万越是酒店的酒水促销员，像往常一样，她来到餐厅，对一桌刚落座的客人柔声问道："您好，打扰一下，我是老白干促销员，请问您这需要用酒吗？"其中一个中年人说："去去去，我们不要什么老白干。"万越顿了顿，拿着手中的宣传单继续介绍着："先生，我们的酒是沿用明朝遗址酿造的，醇厚绵软……"还没等她把话说完，那人就很不耐烦地打断了："小姐，别吵了，出去，我们不买。"她还是微笑着答道："那打扰您了，如果有什么需要的话可以吩咐我。"

第二天，万越叩开一间贵宾房的门，没想到竟然又是昨天的那几位客人，还没等万越开口，那位中年人就冲着她说："不是说了不买，你怎么又来了，怎么这么烦啊。"万越愣了一下，很快就反应过来说："哦，对不起，您误会了，请问您需要加点茶水吗？"那位中年人真火了："没看见我们正在谈事情吗？出去，出去。"

万越当时真的是窘极了，眼泪差点掉下来，但还是忍住了，红着脸说："那真对不起，打搅了，有事的话请您吩咐我们。"正当万越转身要走的时候，一位皮肤白净、戴着眼镜的青年站起来说："小姐，有度数低一些的老白干吗？来一瓶。”

万越缓了缓情绪微笑说道：“先生，请稍等一下。”说着，她迈着轻快的步伐走出房间时，听见青年人说：“还从没有见过素质这么高这么懂礼貌的促销小姐。”听到这样的赞美，万越刚才的郁闷瞬间就烟消云散了。

礼多人不怪，人的内在品格就是通过平时文明礼貌显现出来的。良好的礼仪会为自己树立起一个良好的形象，增强自信心，这对创造融洽的人际关系很有利。

良好的礼仪习惯赢得他人以礼相待

人与人之间的相处要讲究礼貌，尤其是当我们有求于人的时候，哪怕只是简单的问路，也应该说话客气，给予他人足够的尊重，这样才能得到他人的礼遇。那么如何养成礼貌待人的好习惯呢？

1. 要提高个人素养

个人礼仪首先要以个人品格修养、文化素养为基础。因为一个人要养成良好的礼仪习惯首先要懂得什么样的举止动作是合乎礼仪的。这就需要一个人通过各方面的努力来提高个人素养。一个有高尚的道德情操和较高的文化水平的人，自然地就会尊重他人，礼貌地对待他人。所以，在生活中，要不断提升自我。

2. 言为心声，行为意表

一个人说什么样的话，做出什么样的举动都是他内心对人对事的真正态度。那些故作姿态和附庸风雅的行为，或人前人后两副面孔的假文明、假斯文行径，虽然表面看起来非常彬彬有礼，但是都逃不过他人的眼睛，这些行为也只会遭到他人的嗤笑。而如果一个人以真诚的面目对待他人，哪怕在言语上有所冲撞，举止上稍显不雅，也不会给人造成不好的印象，相反地，真诚态度会打动他人。

3. 与人见面，称呼要恰当

怎样称呼别人并不是件容易的事。首先要注意，如果是初次见面的人，一定要留心记住他的名字；否则，下次见面时如果叫不出对方的名字，会给对方留下没有被尊重的感觉。其次，叫错别人的名字比忘记对方的名字更不礼貌。如果第二次见面时实在想不起对方的名字，可以再礼貌地询问他的名字，同时表示歉意。另外，我们还要根据对方的年龄、身份、职业，以及本人的亲疏关系、交际场合来选择称呼。

4. 不同场合不同表现

社交活动往往会在不同的场合下进行。所以一个懂得礼节的人还需要懂得不同的场合应该有不同的礼仪动作和语言。

一个人还要会讲一些必要的场面话。在任何场合都需要说一些无关紧要但又必需的场面话，只有这样才能使社交活动得以继续进行下去，或者缓和一下场面上的气氛等。因为人是群体的，必要的礼仪是群体能够和谐的条件，情商高的人都是尊重礼仪的人。

要想赢得他人信任，只有不断提升自我

在现代社会竞争激烈的职场，原本工作压力就非常大，倘若人际关系不断恶化，则每个人都会感觉如履薄冰。当然，要想拥有良好的人际关系，我们必须首先打破他人心中的坚冰，现代社会危机频现，大多数人都会对陌生人心怀戒备，对于任何人而言，我们都无法准确洞察他人的内心，这一点毋庸置疑。

虽然每个人都经历了漫长的学习阶段，掌握了许多知识，但是在步入社会以后更多地与人打交道，还需要学会攻心术，这样才能深入他人的内心世界，消除他人对我们的戒心，我们也才能如愿以偿地得到他人的信任，从而使良好的人际关系为我们的人生和工作服务。

主动示好，真诚待人

通常情况下，人们都会对陌生人怀有戒心，尤其是在彼此互不了解的情况下，更会不停地揣测他人是否善良友善，是否值得交往。每当这时，我们最应该做的就是主动示好，如果我们能真心真意对待他人，能把他人的点滴需求看在眼里，恰当的时候施以援手，则一定能够消除他人心中的疑虑，使得原本尴尬生硬的关系变得和谐融洽起来。

林之感情受挫之后，独自搬到一所公寓生活。然而，她住了几天之后发现隔壁有一位寡妇带着两个孩子，尤其是那个小孩子，每当天色渐晚，就总是哭哭啼啼，弄得林之也很不耐烦。有一天晚上，公寓的电路突然出现问题，整幢公寓都停电了。林之点燃蜡烛，关门闭户，做好安全防护措施。这时，突然传来敲门声。

林之没好气儿地问："谁呀？""我。"一个稚嫩的声音传来。林之打开门，发现隔壁的那个大孩子站在门口，问："阿姨，您有蜡烛吗？"林之摇摇头。她可不愿意招惹这家人，不承想那个孩子突然笑着从怀里拿出两根蜡烛，说："我就知道您没有，看！，我给您送来两根蜡烛。妈妈说您一个人住，停电了一定很害怕！"林之的眼眶湿润了，她居然睁着眼睛说瞎话，说自己没有蜡烛，却不承想这个孩子摸黑来给她送蜡烛。

从此之后，林之与隔壁那人家成了好朋友。有的时候林之做了好吃的食物，也总是记得给隔壁的两个孩子送些过去。隔壁孩子的妈妈也经常让孩子端来美味的面条或者炸鸡，他们两家人渐渐好得就像一家人一样。

毫无疑问，隔壁的妈妈和孩子以两根蜡烛融化了林之内心的坚冰，最终让林之放下了心中的戒备。毕竟远亲不如近邻，与隔壁邻居隔阂顿消的林之不但得到了隔壁邻居的照顾，自己也觉得心情舒畅。

建立信任感需要步步引导

信任的本质不是捆绑，而是一种更深层次的链接。缺乏信任的关系，就像一部没有信号的手机，关键时刻派不上用处。现代社会是一个相互合作的社会。信任别人和被别人信任都特别重要。别人对我们的信任越多，我们的魅力就越强，做事情也越顺利。不管你在什么行业，做什么事儿，快速赢得他人信任，都是必须要掌握的重要技能之一。

菲利普已经是一名成功的商人了，他回忆起年轻时曾做过某公司的产品销售时，有一幕至今印象深刻。

他说："当时我所在的地区代销商是圈内有名的很难搞定的老太太。很多次我去拜访她，资料都直接被她扔掉。前六次去，没有任何收获，但我还是坚持去。第七次的时候，我买了她最爱吃的葡萄，并提前洗好放进保鲜袋。当时正是盛夏，当我出现在公司的时候，满头大汗，衣服都湿透了，但葡萄还是干干净净的。我递给她葡萄，说：'可能我这个月的业绩没法完成了，公司会炒掉我，这是我最后一次来。’忽然，她的眼神变得柔和，她问我要了资料，并且看得非常仔细。她说：‘菲利普先生，我觉得你很有诚意，而且很细心，你知道我喜欢吃葡萄，不仅买了，还洗好放在保鲜袋里带过来。你的这个细节打动了我。我相信，你在工作上一定不会让人失望。’后来，只要是我推荐给她的产品，她基本上都会接受。这段关系保持到现在，我们成了忘年交。”

这个案例告诉我们，他人的信任并不是全靠理性分析得来的，有时候，我们给别人营造的感觉好了，机会自然就会多起来。他人对我们产生信任的感觉，有时候的确是感性和盲目的，正如有句话所说的：“人是感性的动物，只是偶尔理性。”

要想赢得他人信任，只有不断提升自我

事实上，对于大多数人来说，人们更喜欢被自己帮助的人，而不是帮助自己的人。这其实和“镜像效应”有关。

镜像效应其含义是：在自我意识心理学中，人们通过他人对自己的态度而形成的自我形象，并由此而形成自我概念的印象。这一效应来源于库利的“镜中我”理论。

被我们帮助的人，向我们呈现的是感激，是愉快，是获得后的喜悦。对方的表现就像一面镜子，我们从中看到自己是“被他人喜欢的、被他人感激的”，我们能从这里证明自己的价值感，或者完成理想的自己。这就是我们一直说的“施比受更幸福”或者“赠人玫瑰，手有余香”的感觉。

而当我们需要帮助的时候，我们在对方的表情中和对待我们的态度中，或者会看到嫌弃、无奈、排斥等，这会破坏我们自己内心中“好的自己”的印象，所以，反而要冒风险。利他也是人类的社交本能，因此，当我们发现自己有利他能力的时候，更会感觉被群体接纳。

找人求助、示弱，实际是成全了他人的价值体验，了解这些小技巧虽然能帮助我们达到目的，但要真正赢得别人长久的信任，最终靠的是我们的人格。换句话说，我们的人格决定了我们是一个怎样的人，也决定了别人是否信任我们。相对来说，稳定的人格更容易被信任。人格不太稳定，对待事物的态度变化多端，这类人非常容易失去别人的信任。所以，在自我探索方面，我们需要花更多的时间去修炼，尽量让自己有稳定的人格。

信任和物品不一样，强求不来，占有不了，只有他人真心愿意给，我们才能获得。否则，就算拿千万两黄金去买，也买不回来。把自己抬得很高、夸夸其谈的人想赢得别人的信任，最终只会南辕北辙。这样的人，别人越了解，越会远离。修炼自己的人格，袒露真诚的自己，做个表里如一的人，才能真正获得别人的信任。

MAKE PEOPLE LIKE YOU AS SOON AS YOU OPEN YOUR MOUTH

第五章

一句话打动人心，甜言蜜语也是武器

在人际交往中，赞美不仅仅表示对对方的认同和好感，更是一种积极的生活态度和行为的体现。其方式可以通过语言表现，也可以通过一系列的行为来表现。目的只有一个——就是表达出对别人的优点和长处的肯定和喜爱。虽然人们对这种处世艺术并不陌生，可是真正善于赞美别人的行家毕竟是少数，因此还是需要通过进一步的学习来完成。

赞美之言是开启人脉之门的金钥匙

赞美他人是交际高手的撒手锏，会在无形之中让人产生一种飘飘然的感觉，而这种感觉会让人们在无形中认为对方是一个值得自己信任的人，并且乐意与对方交往，乐意和对方说心里话，这就是赞美的力量。

其实“赞美”并不是交际高手的独门绝技，而是一门处世艺术，谁都可以学，并且只要用心，谁都可以学得很快、做得很好。

赞美是抚慰人心的良药

心理学家威廉姆·杰尔士说过：“人性最深切的需求就是渴望别人的欣赏。”应该说，渴望抚慰与鼓励，是人之共性。

凯丽是韩国某公司的一位年轻经理，一直深受下属的敬佩。一天早上，凯丽一进办公室就吸引了所有人的目光，她把蓄了几年的长发剪成了齐耳短发。尽管有些惊讶，同事们还是齐声称赞她的短发清爽而简洁。

在一片赞美声中，凯丽对理发师的怨气全都消了，她说：“我剪完头发后，觉得这根本就不是我喜欢的发型，气得我当时就想和他吵架。直到今天上班时，我的心情还很糟糕，甚至有一个客户来找我，我还差点对他发火。还好有你们称赞我，现在我觉得心情好多了，真是太谢谢你们了！”

可见，赞美是抚慰受伤心灵的良药，是激励人们不断前进的动力。如果我们发现了别人的长处，就大胆地告诉对方。用我们的快乐去感染身边的每一个人，我们也收获良好的人际关系带来的便利与快乐。

赞美有度，更显气度

可以说赞美他人是博得他人好感、获得他人赞同的一条捷径。把赞扬送给别人，就像把食物施给饥饿的乞丐。在许多时候，它就像维生素，是一种最有效果的食物。

张艺谋做人很随和，做导演却极富个性。对其同班同学另一位名导演陈凯歌，他的评价如下："凯歌是个很出色的导演，我跟凯歌的特点在于：我们都保持自己的个性。这个个性你可以不喜欢，不欣赏，但凯歌从不妥协，他保持他的个性。而中国这样的导演很少。不能因为凯歌的作品没有得奖，就说这说那的，我觉得这是一种短视。"

法国大哲学家洛士佛科说："与人谈话，如果自己说得比对方好，便会化友为敌；反之，如果让对方说得比自己好，那就可以化敌为友了！"这句话真是说得一针见血，实际情况也正是如此。

如果我们总是夸自己的长处，并陶醉其中，就会招致他人的反感，也会相继失去彼此交往的先机。事实证明，放低身段，赞美对方更容易获得他人的好感与帮助。赞美他人，能体现自己的气度，也能更具亲和力。一个善于欣赏他人的人，才能不断地完善自己。

赞美是开启人脉之门的金钥匙

赞美既是一种至高的说话技巧，也是增进人们之间情感的重要桥梁。从某种程度上讲，赞美不单是对一件事情结果的肯定，同时可以作为改变一件事情结果的手段。把赞美之词挂在嘴边我们会发现，人脉的大门会为我们尽情敞开。

只要赞美得恰到好处，其效果往往是出乎意料的。

说了这么多，既然赞美有这么大的力量，那么，赞美别人有什么技巧呢？我们可以参照下面几点：

1. 赞美时表达关心

在赞美对方的工作成绩时，可以顺便让对方多注意身体，这样关心体贴的话语自然会赢得更多人的喜欢。

2. 赞美时给予鼓励

每个人都希望得到别人的支持和鼓励，这可以让人们充满信心，坚强起来。所以，在赞美对方时，要加上一番鼓励。

3. 多赞美小人物

小人物在取得成绩后，同样需要赞美和认同，如果你能把握好机会赞美他们一番，那么，你一定会征服更多小人物的心。

4. 赞美要看对象

面对不同的对象要用不同的赞美方式：面对漂亮的女人，要赞美她们的衣着打扮；面对职场女性，不仅要赞美她们的外表，还要赞美她们的工作成绩；赞美男人一般要从他的智慧和能力下手，当然也可以赞美他的妻子和小孩。

5. 赞美要有真实的情感体验

赞美要有发自内心的真情实感，这样的赞美才不会给人虚假和牵强的感觉。带有情感体验的赞美能让对方感受到你对他真诚的关怀。

赞美别人是融洽人际关系最有效的“调和剂”，是于人有利、于己无损的事。所以，让我们用赞美试着去改变自己和别人的生活吧。竖起大拇指，把话说到对方的心坎上。千万不要吝啬自己的赞美，把心中的赞美勇敢地说出口，生活就会更加精彩。

由衷地欣赏他人，真诚地给予赞美

赞美虽然具有神奇的力量，甚至能够把原本冷漠的人际关系变得亲密无间，但是赞美并不能滥用。赞美的价值会随着真诚的程度而有所改变。

要想让赞美起到预期的效果，我们就不能滥用赞美，更不能口是心非。在赞美他人时，我们更应该学会从实际出发，抓住对方切切实实的优点和长处，或者是让我们真正感动的地方，从而发自内心地赞美他人。否则，我们的赞美就会事与愿违，甚至令人反感。

多一些夸赞，少一些批评

由衷地赞美别人是洛克菲勒取得成功的秘诀之一，他曾说：“我总是深恶挑别人的错，而从不吝惜说他人的好。”

一次，洛克菲勒的一个合作伙伴在某宗生意中，让公司损失了一百万元。面对这种情况，洛克菲勒没有责备他，反而对他说，能保住投资的60%已经很不错了。这让合作伙伴很感动。在下一次的合作中，洛克菲勒获得了很大的利润，最终挽回了上次的损失。

洛克菲勒选择赞美生意伙伴，而不是指责和批评，从而最终获益。由此可见，赞美的效用有多大。

用谦卑的心去发现他人的美

我们都感受过被赞美后的舒畅，也清楚地知道假使自己能由衷赞美他人，就会赢得他们的心。但是，在现实的人际交往中，我们又吝啬将赞美给予他人，而且从心里认为那种事情并不值得赞美。

但只要我们留心观察，就会发现弱者也有其强项，充分肯定它，我们将变得更有人缘。如果我们能虚心地予以借鉴，将会收获多多。

迈克尔·乔丹不仅是驰誉世界的篮球明星，也是美国青少年崇拜的英雄人物之一。他在篮球场上的高超技艺举世公认，而他在待人处事方面的品格也很出众超群。其中还有一个突出的特点，就是他很善于发现和赞扬别人的优点和长处。

为了使芝加哥公牛队篮球队连续夺取冠军，乔丹意识到必须推倒“乔丹偶像”，以证明“公牛队”不等于“乔丹队”，一个人绝对胜不了五个人。这个浅显的道理常被人忽视。在训练中，乔丹执意要鼓起队员们的自信心，变“乔丹队”为五个人的“公牛队”。

有一次，乔丹问队友皮蓬：“咱俩谁投三分球更好些？”

“你！”皮蓬说。

“不，是你！”乔丹十分肯定。

乔丹投三分球的成功率为28.6%，而皮蓬是26.4%，但乔丹对别人解释说：“皮蓬投三分球的动作规范、自然，在这方面他很有天赋，以后还会更好，而我投三分球还有许多弱点。”

乔丹还告诉皮蓬，自己扣球时多用右手，或习惯地用右手帮一下，而皮蓬双手都行，用左手更好一些，这一细节连皮蓬自己都没有注意到。

皮蓬是公牛队最有希望超越乔丹的新秀。乔丹则把小他三岁的皮蓬视为兄弟。他说：“每回看他打得好，我特别高兴。”

1991年6月，美国职业篮球联赛的决战中，皮蓬夺得三十三分，成为公牛队这个时期的十七场比赛个人得分首次超过乔丹的球员。这是皮蓬的胜利，也是乔丹的胜利。

用心发现，每个人都有可爱、出色的一面，谦卑之心将使我们更容易发现他人的可爱之处。谦卑是一种难得的美德，用谦卑之心赞美他人，是真诚而有意义的。

真诚是人际交往的重要原则，如果我们与人交往缺乏真诚，那么建立良好的人际关系将会是天方夜谭。赞美他人也是如此，如果赞美不是真心诚意，对方就会产生排斥心理，甚至会怀疑赞美者的意图。

所以，在赞美他人时，要避免引起对方的误会，不可夸大其词，阳奉阴违的事更要避免。英国专门研究社会关系的卡斯利博士曾说过："大多数人选择朋友都是以对方是否出于真诚而决定的。"每个人都珍视他人的真诚，它是人际交往中最重要的尺度，真诚地赞美他人会让我们赢得更多的朋友。

没有人会拒绝真诚的赞美

任何赞美要想获得预期的效果，就一定要以真诚和热情打动人心。古人云，"精诚所至，金石为开"。我们只有真诚友善地去赞美，才能让听者怦然心动，满怀感激。如果赞美缺乏真诚作为基础，那么不如保持沉默。赞美别人固然是美德，能够让他人瞬间与我们亲近起来，也能使我们自己更受他人的欢迎。然而赞美必须真诚，这是首要原则。

为了准备家庭宴会，玛丽花了很长时间进行规划，还特意邀请了自己在社区里的好邻居露西来帮忙。参加这次宴会的大多数人都是玛丽的丈夫亨特的同事、朋友，只有少数几个人是玛丽的闺密。为此，很多人都对玛丽感到陌生，也忘记了感谢玛丽。

正当玛丽招待闺蜜们吃好喝好后感到有些失落的时候，一个自称是欧文的男性，端着酒杯来到玛丽面前，说："您好，美丽的女主人，今晚的宴会非常棒，这都是您的功劳。作为您丈夫的同事，我非常羡慕您丈夫拥有好福气娶到您这样一位能干的夫人。您知道吗，我的同事们全都对您的烤鸡赞不绝口，还有那些具有五星级酒店大厨水准的甜点——提拉米苏。我的几个女同事都说要找机会向您好好请教制作方法呢！"

听到欧文真心诚意的赞美，玛丽不由得喜笑颜开，她说："非常感谢你的赞美，只要来宾们都能像您一样满意，我就知足了。您知道吗，这个烤火鸡可是我家的保留菜品，受到全家人的喜爱呢！至于提拉米苏的制作方法，我必须隆重向您推荐我的好邻居露西，她制作的甜品绝对是一流水平，得到过无数人的交口称赞。我们社区举行聚会时，她就是当之无愧的甜品大师呢！"宴会结束后，玛丽对于欧文的印象非常好，后来还特意让亨利邀请欧文来家里做客呢！

对于辛苦操劳的玛丽而言，欧文的赞美完全打动了她的心。欧文的赞美并非是些空虚的话，他的确是在用心感受了美味的食物后，才给出如此中肯而又真诚的赞美。为此，玛丽才对欧文留下了好印象，也才能够邀请欧文来她的家里做客。

每一个人都有自身的优点，赞美别人会调动他们的情绪，从而展现他们最好的那一面，发挥出他们最大的优势，同时，也会给你带来积极的力量，所以，我们应该学会去由衷地赞美他人，主动发现别人的优点，并且一定要表现出自己的真诚。

会讲体谅话的人是因为懂得换位思考

肯尼迪·古迪的《怎样让人们变成黄金》一书中有这样一段发人深省的话："停下来，用数秒的时间比较一下，你是如何关心自己的事情和关心他人的事情的，就会理解，别人也和你一样。而一旦你掌握了这个诀窍，你就会像罗斯福和林肯一样，拥有了做任何事的坚实基础。总之，和别人相处的关系怎样，完全取决于你在多大程度上替别人着想。"

士为知己者死

在我们身边，有些人总是习惯把对他人的赞美埋在心底，更擅长通过批评他人来表明自己的良苦用心。其实这是错误的做法，因为赞美比批评带给别人的进步要大。赞美是一种积极地肯定别人的方式，它通常用巧妙、精辟的语言表现出来，能给人一种无比自信的满足感和成就感。

在韩国某大型公司，有一位普通的清洁工，他本来是一位被人忽视、看不起的角色，但他却在一天晚上，在公司保险箱被窃时，与小偷进行了殊死搏斗。

事后，有人为他请功并问他的动机时，他的答案却出人意料。他告诉大家，因为公司的总经理从他身旁经过时，总会不时地赞美他："你扫的地真干净。"

就这么一句简简单单的话，使这位员工受到了感动，并在关键时刻挺身而出，挽回了公司的损失。这也正合了中国的一句老话——“士为知己者死”。生活往往便是如此，真正聪明的人善于从小事上赞美别人，而不是一味地搜寻了不起的大事。从小处着手夸奖别人，不仅会给别人以出乎意料的惊喜，而且更能打动对方的心。

懂得换位思考，方能说服他人

在有些时候，我们很难用简单的对与错来衡量某一事情。看问题的角度不一样，结果也就不一样。

纽约州汉普斯特市的山姆·道格拉斯，过去经常抱怨太太把过多的时间都用在修理草坪上了：他太太一周至少去草坪拔草、施肥和剪草两次。而道格拉斯却认为草坪和四年前刚搬来时一样，并未变好。当他把这话说给太太听时，自然就破坏了他们的夫妻感情。后来道格拉斯认识到了自己的愚蠢。他试着从太太的角度考虑：她确实喜欢草坪，是因为她从中找到了乐趣。于是道格拉斯决心改变自己。一天晚饭后，太太又去修理草坪，道格拉斯也跟了出去，帮助太太一起除草、施肥，他们边干活，边愉快地谈话，他的太太非常高兴。从此他经常帮助太太修理草坪，并称赞她干得好，草坪比以前好看多了。于是，夫妻间的感情日益加深。

当一个人面对严重的难题时，如果他能够从别人的角度来看待事情，多体谅一下别人的心情，原本疑惑不解的问题可能就变得豁然开朗，他的说话方式自然也会改变。

体谅话所带出的行动

体谅话是指站在他人的立场对他人的境遇的理解和安慰，这样的话语不仅能打动人心，同时更能带出行动，而行动的结果便是展现出另一种人生。

多年来，罗克常到离家不远的公园中散步和骑马，以此作为消遣。罗克非常喜欢橡树，所以每当看到公园里一些树被烧掉时，他就十分痛心。这些火差不多都是有到园中野炊的孩子们造成的。有时火势很凶，必须叫来消防队才能扑灭。

公园的角落里有一块牌子，警告人们不要在公园里玩火，违者罚款。但由于牌子在角落里，很少有人看见它。公园里有警察，负责骑马巡逻，但他对自己的工作不太认真，火灾仍然时常发生。

有一次，罗克又看到公园失火，就急忙跑去告诉警察快叫消防队，可没想到他却说那不是他的事。罗克非常失望，以后罗克再到公园里散步的时候，就担负起了保护公园的义务。当他看见树下起火时就非常不快，急忙上前警告那些野炊的孩子们，用威严的辞令命令他们把火扑灭。如果他们不听，就会恐吓他们要把他们交给警察。

就这样，罗克只是按照自己的想法去做，只是在发泄自己的情感，全然没有考虑孩子们的感觉。结果呢，那些儿童怀着一种反感的情绪暂时遵从了。转过身去的时候，他们又生起了火堆，并恨不得把整个公园烧尽。

随着时间的推移，罗克逐渐懂得了与人相处的道理，知道了怎样使用技巧，更懂得从别人的角度来看待问题。于是他不再发布命令，甚至恐吓，而是说："孩子们，玩得高兴吗？你们在做什么晚餐？我小时候，也很喜欢生火，直到现在我仍然很喜欢，但你们知道在公园里生火是很危险的吗？我知道你们几个会很小心，但别的孩子就不一样了。他们来了也会学着你们生火，回家的时候却又不把火扑灭，这样就会烧掉公园里的所有树木。如果我们再不谨慎的话，我们就不会再看到这里的树木了。因为在这里生火，还有可能被警察抓起来。我不干涉你们的兴致，我很愿意看到你们开开心心的，但我想请你们在离开时，把火用土埋起来，并把火堆旁边的干枯树叶拨开，好吗？你们下次来公园玩时，可不可以到山丘的那一边，就在那沙坑里取火，那样就不会有任何危险了。多谢了，孩子们，祝你们玩得快乐。”

这样的说法，产生的效果好多了。孩子们听了之后都非常听话，而且很愿意接受和合作。他们没有被强制服从命令。罗克为他们保全了面子，双方的感觉都很好，因为罗克在处理这件事时，完全是从他们的角度出发考虑的。所以，我们在日常生活中就要刻意培养自已站在对方立场上，多说体谅话的好习惯。

历史上许多伟大人物就是因为懂得换位思考，才能话及动情处，大大地激励了当时的人们。当帕特里克·亨利站在十三州代表之前慷慨激昂地说道：“我不知道其他的人要怎么做，但就我而言，不自由毋宁死。”这句话激发了几代美国人的决心，发誓推翻长久以来压在他们头上的苛政，结果造成燎原之火，美利坚合众国于此诞生。

让话语能够直指人心

美国一位伟人演讲道：“当我们今天得以享受到充分的自由时，不要忘了独立宣言，虽然那没有几句话，却是两百多年来所给予我们每个人的保障。同样地，当我们这些年致力于种族平等时，不要忘了那也是因为某些字眼的组合而激发出来的行动所致，请问谁能忘记美国马丁·路德金博士打动人心的那一次演讲。他说道：‘我有一个梦，期望有一天这个国家能真的站立起来，信守它立国的原则和精神……'"

许多人都知道人类的历史就是有那些具有威力而打动人心的话所写成的，然而却鲜有人知道那些伟人所拥有的语言力量却也能够在我们的身上找到，只要我们懂得换位思考，说出的话便能直指人心。

人人需要雪中送炭般的鼓励与安慰

在我们的人生道路上，一定会遇到很多困难，可是我们往往忽略了，有时候为别人搬开脚下的石头，恰恰是为自己铺路。很多时候我们的举手之劳对他人却是很大的帮助。

大富大贵时送锦衣玉帛和濒临渴死时送一碗清水，就内心感受来说，是完全不一样的。后者是急人所需，事关生死大事，无疑更让人感恩戴德于心。众所周知，在帮助他人的时候，锦上添花固然好，但是雪中送炭则更能够打动人心。实际上，不仅物质上的帮助如此，言语安慰也是如此。

雪中送炭可能会有意外收获

世界上所有重要的事情，无一不与人情有关，人情顺则无事不达。我们种下人情，也将收获成倍的人情。而满足他人的急需显然是一颗播撒人情的种子，不知何日，这颗种子会让我们收获人情的硕果。机遇是什么？恐怕没有人能说清楚，但机遇会以各种形式、在各种时候大驾光临，或许机遇只是藏在我们给别人的一次不经意的帮助。

柏年在美国的律师事务所刚开业时，连一台复印机都买不起。

移民潮一浪接一浪涌进美国的丰田沃土时，他接了许多移民的案子，常常深更半夜被唤到移民局的拘留所领人，还不时地在黑白两道间周旋。他开一辆掉了漆的福特车，在小镇间奔波，兢兢业业地做律师。终于媳妇熬成了婆，电话线换成了四条，扩大了办公室，又雇用了专职秘书。办案人员气派地开起了“奔驰”，处处受到礼遇。

然而，天有不测风云，一念之差，他的资产投资股票几乎亏尽，更不巧的是，岁末年初，移民法又被再次修改，职业移民名额削减，顿时门庭冷落。他想不到从辉煌到倒闭几乎是在一夜之间。

这时，他收到了一封信，是一家公司总裁写的：愿意将公司 30% 的股权转让给他，并聘他为公司和其他两家分公司的终身法人代理。他不敢相信自己的眼睛。

他找上门去，总裁是个只有 40 岁开外的犹太裔中年人。“还记得我吗？”总裁问。他摇摇头，总裁微微一笑，从硕大的办公桌的抽屉里拿出一张皱巴巴的五美元汇票，上面夹的名片印着柏年律师的地址、电话，他实在想不起还有这一桩事情，“十年前，在移民局……”总裁开口了，“我在排队办工卡，排到我时，移民局已经快关门了。当时，我不知道工卡的申请费用涨了五美元，移民局不收个人支票，我又没有多余的现金，如果我那天拿不到工卡，雇主就会另雇他人了。这时，是你从身后递了五美元上来，我要你留下地址，好把钱还给你，你就给了我这张名片。”

他也渐渐回忆起来了，但是仍将信将疑地问：“后来呢？”“后来我就在这家公司工作，很快我就发明了两个专利。我到公司上班后的第一天就想把这张汇票寄出，但是一直没有。我单枪匹马来到美国闯天下，经历了许多冷遇和磨难。这五美元改变了我对人生的态度，所以，我不能随随便便就寄出这张汇票……”

世间自有公道，付出总有回报。尽管你在帮助别人时并没有预料到有一天会得到回报，但正是这种没有任何附加条件的付出会得到意想不到的收获。

逆境中的赞美之言更有人情味

在一个人春风得意马蹄疾的时候，我们给予他人赞美，只会涉嫌对其阿谀奉承，而且那个人也必然会因为接受了太多的赞美，耳朵和心都已经麻木，对普通的赞美毫不心动。

相反，当一个人遭遇失意的时候，或者内心沮丧绝望的时候，需要身边的人给予鼓励和安慰，假如我们能够在这种情况下给予其毫不吝啬的真诚鼓励和赞美，无疑会给对方带来对抗逆境的勇气，这样的赞美之言往往更有人情味，也更容易让失意之人铭记于心。

作为一个文学爱好者，余波数十年来一直在追求文学之梦。余波从小命运坎坷，在他八岁的时候，母亲因为不堪忍受家中贫困，再加上父亲酗酒，所以离家出走，至今杳无音信。自从余波母亲离家出走后，父亲变得更加郁郁寡欢，不但酗酒日益严重，甚至还染上了赌瘾，最终欠下一身外债，整日被人追债。后来，余波的父亲因为与人争斗误伤他人，又锒铛入狱，自此，整个家彻底散了。

余波孤身一人在人世间讨生活，却始终没有忘记创作的梦想。尽管经常饥寒交迫，他还是笔不辍耕，坚持自己的梦想。在无数次被退稿之后，余波不由得心灰意冷，觉得命运对于自己实在是有些不公平。当时有个给他退稿的编辑在他的稿件上写道：“你的文字很独特，透过字里行间，可以看出你对生命的领悟和热爱，比如这句……”编辑短短的几行字，给予余波莫大的鼓励。他的生命之舟原本正在风雨中飘摇，不知何去何从，此时此刻仿佛一下子找到了避风港，也找到了航向。从此之后，余波再次鼓足勇气，努力创作，最终成为一名享有盛名的作家。余波一直对这位编辑念念不忘，曾多次在公开场合提起这位编辑，希望有朝一日能有机会当面感谢当年的知遇之恩。

在这个事例中，余波正处于人生低谷，却得到一位退稿编辑真心的赞美，他不由得发自内心地感激他。不但因为那位编辑的赞美而变得信心十足，再次看到希望的曙光，也因为这只言片语的赞美，发自内心地感到温暖。因此，他才能战胜生活的困境，从而坚持不懈，持之以恒，直到成功为止。

遇到朋友失意的时候，我们总会说一句“塞翁失马，焉知非福”。确实，任何事情都具有两面性，有时候我们失望、难过，只是因为我们被迎面而来的打击蒙蔽了双眼、失去了面对挫折的勇气，一味沉浸在痛苦之中不愿自拔，因此也就看不到事情好的那一面。也可以说这是因为“当局者迷”，所以我们在安慰他人时就要以“旁观者清”的理性思维帮失意者发现事情好的方面，一语点醒梦中人，让对方在心理上得到慰藉和鼓励，从而充满信心地面对挫折。

安慰的话怎么说才算是高情商的表现，关键是要能够站在旁观者的角度看待他的“失败”，然后从中找到对于他来说“成功”的地方，并以此来点醒他，这样就能唤醒失意者勇敢面对挫折的意识，然后慢慢从困境中走出来。

言之有物的赞美更具真情实感

言之有物的话才凸显真诚，也会让人觉得你实在。以称赞他人为例，一百句“你真好”可能也比不过用十句话把好的原因和细节做一个简单陈述。当然，我们描述得越具体，也就显得越有诚意，获得他人好感的可能性也就越大。

言之有物就是让对方理解你的说话意图

言之有物，话少不妨碍悦耳；言之无物，话多也不能动听。哪怕我们真的是站在对方的立场，为他人考虑。即便我们说了为对方好，但如果不作具体说明，别人也还是无法理解，依然会陷入百口莫辩的死结。只有把事情条理清晰、逻辑分明地讲清楚了，听者才会感受到我们的真心。

杨元庆刚接手联想时，曾经向柳传志咨询管理员工的办法。柳传志对他说：“你现在还很年轻，资历浅，很多老员工肯定不服你。但是联想能有今天，这些老员工是出了很大力的，而且联想日后的发展也离不开他们。我知道你性子急，如果和他们有意见上的分歧，不要针锋相对，上纲上线，而是心平气和地坐下来好好说话。对待老员工就像对待自己的父母一样，最终决策权在你手里，但你要尊重他们的建议和意见。如果有些问题实在想不明白或者不知该如何处理，记住一条，他们和你一样都是爱着联想的。所以，多从这个角度考虑或许会有意想不到的解决办法。”

柳传志的一番话让杨元庆获益匪浅，因为他讲得很深刻，也很详细。联想之所以能取得今天这样的辉煌，或许和柳传志这种言之有物的说话风格有很大关系。

言之有物的赞美更具真情实感

赞美他人一定要真诚，而且要用心。在重视情商和修养，赞美之言大行其道的今天，很多人为了拉拢关系而牵强附会的对他人大放盛赞之辞。毋庸置疑，接受赞美的人对于真心的赞美和敷衍的赞美，一定会有自己的考量。他们在接受别人赞美的时候，也会对赞美之言加以区分。

倘若我们想要让自己说出口的话达到预期效果，就一定要更加用心，千万不要随便夸赞以敷衍了事，最终导致事与愿违，与其如此，还不如保持沉默顺从自己的内心，不随意称赞他人来得好。生活中，那些宽泛的赞美随处可见，已经不足以让人为之心动。赞美要想生动，打动人心，就一定要非常具体。

作为美国实力很强的汽车制造公司，克莱斯勒汽车公司曾经专门为罗斯福总统量身定制了一款汽车。众所周知，罗斯福总统年幼时曾经患有小儿麻痹症，导致下肢瘫痪，因而他根本无法仅凭一己之力驾驶普通的汽车。当看到克莱斯勒公司亲自送到白宫的这款为他专门定制的汽车时，罗斯福总统马上眼前一亮、怦然心动：对于一个无法行动自如的人而言，能够驾车自由出行该是多么美好的事情啊！在认真鉴赏汽车，并且亲自试驾汽车之后，罗斯福高兴地说："太奇妙了，我仅仅按按钮，车子就能奔驰起来，这简直让人难以置信。"

当时，罗斯福总统身边的工作人员以及他的朋友们也都在现场，罗斯福总统毫不吝啬地当着大家的面赞美克莱斯勒汽车公司的工作人员：“这是一件伟大的事情，感谢你们愿意付出时间和心血，最终让这辆汽车得以面世！”在随后的时间里，罗斯福总统带着所有人一起认真细致地欣赏这辆车，每当看到细节之处，他都会毫不吝啬地加以赞美，对于细节给予充分的赞赏之辞。站在一旁的汽车公司工作人员看到罗斯福总统如此喜爱这辆车，不由得发自内心地高兴，也因为得到了总统对细节设计的赞美，而喜形于色。

在这个事例中，罗斯福总统对于汽车的赞美非常详细具体，他甚至认真观察汽车的每个设计细节，也使得他的赞美更加翔实生动。如此一来，每一个人都感受到了他对于这辆汽车的喜爱，也能感受到他发自内心的感激和感动。

言之有物的赞美需实事求是

言之有物的赞美应讲求实事求是。既要肯定对方的优点和长处，也该适时指出对方的弱点和不足。常言道，“瑕不掩瑜”，在必要的情况之下，指出对方的缺点和不足，并提出一定的希望，不仅不会损害人际关系，相反，能使我们的赞美听起来更有真情实感，易于为人接受。

有一次，汉高祖刘邦与韩信谈论诸将才能高下。刘邦问韩信：“你看我能指挥多少兵马？”韩信回答：“陛下至多能指挥十万兵马。”刘邦又问：“那你能指挥多少兵马呢？”韩信自豪地回答：“臣多多益善耳。”刘邦笑道：“既然你带兵的本领比我大，却为什么被我控制呢？”韩信很诚实地说：“陛下不善于指挥兵，但善于驾驭将，这就是我被陛下控制的原因。”刘邦自己也曾说道，统一指挥百万军队，战无不胜，攻无不克，他不如韩信。这是他做了皇帝以后对自己的评价。

韩信的赞美，既肯定了刘邦的领将能力，又客观的指明了其在带兵作战方面的不足。要想让赞美更加生动具体，首先我们应该对所赞美的人或者事物进行深入了解。很多人为人处世都停留在表面，这样的人是无法深入了解人或者事物的本质的。当我们详细了解了人或者事物，我们的赞美才能避免空洞。当然，这离不开我们对人或者事物细致入微的观察。

其次，我们还应该根据不同对象的特点进行赞美。诸如我们可以赞美一位美女皮肤白皙，却不能赞美一名男子汉皮肤白皙。即使这名男子汉的皮肤真的很白，我们也不能对此大加赞赏，因为皮肤白并不能彰显男子汉的特点，因而我们只能赞美男子汉身材魁梧或者棱角分明，这才是赞美男士最恰当的词语。所以，在赞美他人时，我们必须用心，才能真正做到认真仔细、细致入微地观察，恰当地赞美，也才能做到因人而异，让赞美打动人心。

与众不同的赞美更能俘获人心

人总是渴望得到他人的赞美，但是却不希望所有的赞美之辞都毫无新意。如果赞美变得千篇一律，必然无法打动人心。赞美能否达到预想的效果，一方面取决于你赞美的诚意，另一方面则取决于你赞美的新意。就像人吃饭一样，每天都吃山珍海味，殊不知，再好吃的东西时间久了也会变得寡然无味。赞美也是如此，只有不断地变换花样，才能打动人心。

别人嚼过的肉不香

常言道：别人嚼过的肉不香。在生活中，我们常常会听见有些人在公共场合附庸他人，这类人在赞美他人时，因为自己绞尽脑汁想不出更好的措辞，或者不知道自己说出的话是否能博得他人的欢喜，所以只能附和他人的观点。

一次，梁太祖朱温与众宾客在大柳树下小憩，独自说了句："好大一棵柳树啊。"宾客为了讨好朱温，纷纷起来争相赞叹："是啊，是啊，好大一棵柳树。"朱温听了觉得好笑，又道："好大一棵柳树，可以做车头。"其中五六个宾客依然应声附和："是啊，可以做车头。"朱温对这些鹦鹉学舌的人烦透了，实际上柳木是不可以做车头的，便对宾客厉声喝道："柳树岂可做车头！我听人说秦时指鹿为马，有甚难事！"于是把说"可做车头"的人抓起来杀了。

由此可见，赞美不是一味地奉承说好话。每个人都希望受到别人的关注，会说话的高情商者要学会发现别人身上隐藏的闪光点，把赞美的话说到点子上，这样才能达到最佳的赞美效果。如果人云亦云，那么我们的话在对方看来既乏味又粗糙，甚至会令人生厌，产生相反的效果。

用"边际效用递减"理解差异化赞美

德国经济学家戈森曾提出一个有关享乐的法则：同一享乐不断重复，则其带来的享受逐渐递减，由此演变出经济学中著名的"边际效用递减"规律。放到人际交往中来说，通俗讲就是再好的话说多了也是废话，有时还会起到反作用。重复不变的好话，会让人怀疑言语的真诚度和真实性。“同样一句赞美的话，一个人听第一遍可能会觉得很开心，听第二遍就没有那么强烈的感觉了，听十遍之后肯定会觉得腻歪。”就是这个道理。同时，从边际递减效应的角度来看，好话给人带来的愉悦感、满足感，会随着语言的重复而不断减少。

如果你能运用一些独特的方式去赞美别人，避免边际效应递减现象的产生，你的赞美就会别具一格，受到别人的重视。众所周知，存在感就是被重要的人看见或重视的感觉。差异化的赞美，会让对方对我们更加印象深刻。

适时附和的倾听，是一种别样的赞美

认真倾听并在适当的时间附和有利于双方更好地表达自己的思想和情感。在对方明白了我们的倾听是对他的尊重以后，他同样会认真地听我们说话，这样彼此的交流才能产生良好的效果。

一位老教授与门下的五名学生闲聊自己当年读研时的杂事，说：“你们现在的生活可真丰富，校园内有体育馆，校园外有休闲馆。我当年在你们这个阶段，生活的世界里只有教室、图书馆和宿舍。”

学生们微微一笑，老教授继续说道：“不过，那个时候精力都用在读书上也好，搞科研嘛，基础知识不扎实根本无法谈及创新。还记得我的一个课题是关于青藏高原地质变迁的问题，当时我不仅要查自然地理方面的书，还要查很多地质演变与生物演化方面的书。那时科学根本没有现在这么发达，哪里有什么计算机、文献电子稿啊，完全依靠图书馆里纸质的资料，可比你们现在做项目难多喽！”说着，老教授停顿了下来，拿起茶杯喝了两口。

这时，其中专心倾听的杨澜礼貌地问道：“老师，您当年的研究方向是青藏高原的地质变迁问题，可是参考资料却涉及区域内的生物演化，当时是不是很少有人将这两个方面结合考虑？”

听完杨澜的话，老教授会心地看了看这名好问的学生，然后得意地说道：“很多时候，没人想到的地方你想到了，才会有意外的收获，才能够创新。不信，我们来举个现成的例子，就说说你现在的课题吧！”接着，老教授细致地对杨澜正在进行的课题作了很有创意的指导，而其他四名只知道倾听的学生，却没能得到老教授的专门指导。

要知道，附和地倾听本身就是一种赞美，能使我们更好地理解别人，有助于克服彼此间判断上的差异性，有利于改善交往关系。我们在倾听他人说话的时候，也就是我们设身处地地理解他们的幸福、痛苦与欢乐的时候，使我们能够把对方的优点和缺点看得更清楚。而这些结论再通过我们有效的附和来传达到对方心里，才算是一次完美的交流。

挖掘鲜为人知的亮点赞美对方

在众人眼里，爱因斯坦是一个伟大的物理学家，很少有人知道，其实，他的小提琴也拉得非常棒。爱因斯坦曾经说过，如果别人赞美他的思维能力如何超群，如何有创新精神，他一点都不激动，毕竟作为一个享誉世界的科学家，这类话已经听得有点腻了。但如果有人赞美他小提琴拉得很棒，他一定会心花怒放。

其实，每个人都有其有别于他人的优点和可爱之处。如果我们独具慧眼，善于挖掘对方鲜为大家注意到的亮点，便能让我们说出的赞美之言与众不同。即使我们一时还没有发现更新的亮点，也可以在表达的角度上有所变化和创新。当然，我们还可以多加留意那些其他人不曾注意的细节，从而别出心裁，给人意外的惊喜。

高级的赞美讲究审时度势

赞美他人是一件好事，但绝非一件易事。称赞他人时，如果我们不掌握一定的说话技巧，不讲究审时度势，即使我们说出的赞美之言是发自内心的，往往也会违背初衷，事与愿违。

高级的赞美讲究审时度势，适可而止。当计划做一件有意义的事时，对其开头的称赞能激励其坚定的决心，做出成绩；中间的赞扬有益于鼓励其再接再厉，不言放弃；结束时的赞扬可以肯定其成绩，为下一步的努力指明方向，从而达到“赞扬一个，激励一批”的效果。

恰当的恭维拉近彼此的距离

在人们的交际过程中，适度的恭维，会让他人对我们顿生好感。生活在社会当中的每一个人都希望自己能够得到他人的关注，善意的恭维可以提高自己的修养，恰当的恭维可以迅速拉近彼此的心理距离。情商高的人，更懂得不动声色的恭维是最好的交际方式，同时也是最容易消除他人戒心的一种有效方法，善用恭维的技巧可以让人们的关系更加融洽。

一次画展中，一名记者见到一位知名的画家，随口说了一句：“您今天这身衣服看着质地就不一般，真有品位！”记者边夸赞，边点头表示欣赏。听完记者这句话，画家微微一笑，两眼放光。其实，这位画家心中一直有一个时尚梦，曾梦想当个服装设计师，但是因为种种原因最终没能如愿。但是画家每次去社交场合时都会对自己的服饰精心修饰一番，在别人眼里，这位画家的穿着总是很另类。大多数人都抱持“艺术家都这样”这样心态与画家交谈，很少会留意画家在衣着上的用心和大胆创新上。

人们往往都在关注画家的画技，无时无刻不在对他的画风、创意等大加恭维，可是对于这些恭维，这位画家已经习以为常，有时候甚至会心生厌恶。这名记者的一句话顿时让画家为之一亮。后来，这位画家和这位记者成了朋友，专门指定这位记者负责他的全部采访。

毋庸置疑，每个人在生活中都需要与形形色色的人接触，有时候我们必须与陌生人打交道。这种情况下，如何迅速地拉近彼此间的心理距离是重中之重，而恰如其分地恭维恰恰是人际交往的撒手锏，能够帮助我们在最短的时间内打开他人的心扉，博得他人的好感。

赞美他人要适度

凡事过犹不及，赞美也是如此。很多人在赞美他人时，因为虚情假意，所以往往言过其实。也有些人因为过分热情，所以夸大其词，殊不知当赞美过度时效果往往会大打折扣。为此，我们在赞美他人时必须有理有据，千万不要睁着眼睛说瞎话，不讲究原则地肆意对他人阿谀奉承。

高级的赞美讲究审时度势

现实生活中，我们常常需要赞美他人，记住要审时度势，千万不要让自己说出口的赞美之辞显得过于突兀。唯有如此，我们的赞美才能成功地打动他人的心，也使得我们的赞美之辞合情合理，更容易得到他人的认可。所以，开口前我们一定要掌握以下技巧。

首先，赞美要因人而异。人的素质有高低之分，年龄有长幼之别，因人而异，突出个性，有特点的赞美比一般化的赞美能收到更好的效果。老年人总希望别人不忘记他“想当年”的业绩与雄风，同其交谈时，可多称赞他引为自豪的过去；对年轻人不妨与其稍为夸张地赞扬他的创造才能和开拓精神，并举出几点实例证明他的确能够前程似锦；对于经商的人，可称赞他头脑灵活、生财有道；对于有地位的干部，可称赞他为国为民、廉洁清正；对于知识分子，可称赞他知识渊博、宁静淡泊……当然这一切要依据事实，切不可虚夸。

其次，赞美要情真意切。虽然人都喜欢听赞美的话，但并非任何赞美都能使对方高兴。能引起对方好感的只能是那些基于事实、发自内心的赞美。相反，我们若无根无据、虚情假意地赞美别人，不仅会让对方感到莫名其妙，还会给对方留下油嘴滑舌、诡诈虚伪的印象。

最后，要避免言辞夸张地赞美他人。在日常生活中，人们有显著成绩的情况并不多见，因此，在人际交往中，我们应留心观察，从具体的事件入手，善于发现他人哪怕是最微小的长处，并不失时机地予以赞美。在赞美对方时，过分夸张就会有阿谀奉承、溜须拍马之嫌。赞美要发自内心、真心实意。越是知己，赞美对方就越不应该过分夸张和矫揉造作，有涵养的人都喜欢自然朴实的赞美。

MAKE PEOPLE LIKE YOU AS SOON AS YOU OPEN YOUR MOUTH

第六章

一句话巧妙拒绝，自己有面别人不尴尬

在与人交往中，往往会碰到一些自己不能办或不愿办的事情，这就需要以言语拒绝。当然，拒绝别人的请求，否定别人的意见，会在情感上觉得过意不去，甚至会伤害朋友间的感情，这是很折磨人的事。所以，拒绝他人，必须讲究方法与技巧。这样，就可以把拒绝带来的遗憾缩小到最低限度。既不伤害对方的自尊与感情，又能取得对方的谅解与支持。

每个人都有拒绝他人的权利

西方国家有专门研究拒绝艺术的机构，他们强调，现代人应该培养这样一种意识：“我们不必为拒绝他人而感到不好意思，天赋每个人以拒绝他人的权利，这是我们的自由。”归根结底，帮助一个人是看在彼此的情分上，而并不意味着谁对谁有不可推脱的责任和义务，因而我们完全有理由顺从自己的内心，拒绝他人的不情之请。

与其为难自己，不如坚定拒绝

在日常生活中，很多年轻人为了帮助他人，导致自己变得非常被动，甚至深受伤害和委屈。如此一来，即使帮助了别人，也没有得到该有的满足感和乐趣，有时甚至使自己郁郁寡欢，可谓得不偿失。有的时候，我们还会因为帮助别人心不甘、情不愿，导致最终没有兑现自己的诺言，反而落得个失信的下场，这也是不理想的结果。

与其如此，我们不如在一开始就遵从自己的内心，坦然说拒绝。记住，说“不”是我们每个人的权利，我们可以理所当然地说“不”，也可以坦然大方地拒绝他人的请求，尤其是那些不情之请。

二十九岁的姗姗怀孕已有七个多月了，经过多方考虑，姗姗停下工作，专心在家调养身体，等待宝宝的出生。姗姗夫妇租住的是平房，因为闲来无事，姗姗散步的时候和邻居的一个五六个月大的小娃娃玩耍。这家人是在社区里开饭店的一对四川的小夫妻，顾客多的时候，常常忙得顾不上孩子。有时候姗姗的妈妈也会帮忙带“小四川”，一来二去，姗姗一家人和“小四川”全家越来越熟悉了。

有一天，姗姗正在睡觉，“小四川”的妈妈抱着“小四川”在外面敲门，说：“在吗？在吗？能帮我看下孩子吗？店里人太多了，这孩子总是乱跑，我怕车撞了他，帮忙看一下孩子。”姗姗睡眼蒙眬中，不得不开了门。看着“小四川”，姗姗为难地说：“不好意思啊，我爸我妈有事回老家了，我的肚子太大了，没法儿抱他，也怕他踢到小宝宝不安全。”这时，“小四川”妈妈还是不依不饶地说：“就把他放在床上，你看着别掉下来就行，不用你抱。”无奈之下，姗姗只好留下了“小四川”，帮忙看着。一眨眼的工夫，“小四川”就差点儿掉到床下，姗姗赶紧抱起他送了回去，一不小心被“小四川”踹到了肚子。她的肚子隐隐作痛，她提心吊胆了一个小时，肚子才不疼了。

等到她老公下班回来后，姗姗说起这件事情，她老公不由得责怪她说：“你呀总是要面子，她家孩子凭什么一定要让你看啊？你肚子已经这么大了，自己行动都不便。这个“小四川”的妈妈也真是的，怎么一点眼力见儿都没有！”说完，她老公找到“小四川”的妈妈，说明了情况，“小四川”的妈妈这才后怕地说：“不好意思啊，真没想到会出现这种事情，给你们添麻烦了，真是对不住了……”

显而易见，“小四川”的妈妈是一个非常不明事理的人，对于一个挺着七个多月孕肚的孕妇，她居然还让帮她看孩子。对于这样的人，该拒绝的时候一定要毫不犹豫地拒绝，这样才能保护自己。就像姗姗，假如肚子里的小宝宝真的出了什么问题，后悔可就晚了。任何时候，我们都不能因为顾忌他人的面子，就打落牙齿往肚子里咽。尤其是事关重大时，更应该根据自己的判断，坚持自己处世的原则，这样才能有效保护自己。

拒绝他人应讲原则，知分寸

通常，不懂拒绝的人的内心一般都较为敏感，处事也不够成熟和圆滑。此时再遇到他人蛮不讲理的指责，就会难受。所以说，我们要将拒绝作为自己的权利，但也要学会合理驾驭它。如果我们以前压根就不知道如何拒绝他人，在运用拒绝这个权利时就要一步一步来，急功近利只能让自己更尴尬。

李一鸣最近总是加班，女朋友颇有微词。好容易周末两个人约好一起吃饭、看电影。结果，饭刚吃到一半，老板突然打来电话，让他去公司修改一个急用的方案。虽然他向女朋友做了解释，但对方因为这件事一直耿耿于怀，甚至有好几次打电话，女朋友都不接。其实那个方案的主要负责人并不是李一鸣，只因为他平时比较热心，而且拿着公司的钥匙，所以大家遇到什么事都喜欢找他帮忙。

不过，自从上次因为工作上的事影响了和女朋友的关系之后，李一鸣就暗下决心，以后老板再让自己在周末加班时，一定要果断拒绝。果然，没过两个星期，老板又因为方案的事情，让李一鸣去公司。这次，李一鸣虽然没有特别的安排，但还是拒绝了。结果，第二天到公司的时候，他被老板大骂了一顿。李一鸣很委屈，心情很差劲，当天晚上和女朋友一起吃饭的时候没忍住，冲她发了脾气。最后，女朋友饭也没吃，摔门而出。

我们仔细分析李一鸣的案例会发现，如果我们平时对他人的要求百般满足，一旦拒绝他人，则非但得不到他人的体谅，还会引发对方的指责。所以，坚持自己原则的同时，也要关注拒绝他人的合理性，不能只凭心情任意妄为。

当然，拒绝并不是说对所有的求助与请托通通拒之门外，拒绝应该是有选择性地拒绝。那么，到底在什么样的情况下我们应该拒绝别人呢？

第一种，不是不想帮，只是自身资源与能力有限，实在是爱莫能助。在这种情况下，我们只需要将自己的情况与苦衷说明，那么对方一般都是会理解的。

第二种，就是说自己能够帮到对方，但是却不能帮，比如说，有人拉我们去干违法犯罪的事情，这就不能帮。

第三种，就是说对方明明自己有能力有资源来做一件事，但可能是怕麻烦，或者是图省心省力，所以求我们帮忙。在这种情况下，我们就实在没有必要应承。

所以说，与人交往，拒绝是我们每个人都需要学习的必修课。学会拒绝，是一种自我保护，是一种沉稳自信，是一种豁达明智。学会说“不”，我们才能活得真实一点、明白一点、轻松一点。

直言不讳伤和气，婉拒他人更合理

在拒绝他人之前，很多人心里往往会非常犹豫、纠结。倘若接受他人的请求，会使自己感到委屈和为难；倘若拒绝他人的请求，又怕得罪了他人。事实上，当我们没办法答应他人的请求时，即使勉强自己接受了，最后也不免因为能力不足导致无法兑现承诺。如此一来，不但会伤害彼此的情感，还会因为延误时机，导致对方蒙受更大的损失。

在这种情况下，如果我们能够找到一种既可以拒绝他人，又不影响彼此关系的两全其美的方法，则无疑是最好的选择。委婉含蓄地拒绝他人，正是这样一种好办法。

先发制人，婉拒他人

聪明人不管出于什么原因拒绝他人，都不会过于直接，而是会采取委婉的方式表明自己的心意，使对方领悟他的意思，从而知难而退，主动改变他人求助的意图。如此一来，不但能够保全对方的颜面，而且能够使对方更加了解我们的苦衷，也能意识到我们并不是不想帮助他们，从而避免影响彼此间的感情。

谭菁菁和王倩是一对要好的朋友，大学毕业后，谭菁菁留在了上海打拼，王倩则回到了家乡小县城当了一名老师。几年后，谭菁菁和王倩都到了谈婚论嫁的年纪，王倩最近正与其男友筹备婚事。

这一年春节，谭菁菁回到家里，像往年一样和王倩聚会。王倩突然说："亲爱的，你工资那么高，一定攒了很多钱吧？"

谭菁菁笑了笑，说："挣得多花得也多啊，你都不知道在上海开销有多大。"

王倩又说："得了，别哭穷了，是不是怕我问你借钱啊！"

这时，谭菁菁意识到王倩一定是买房缺钱，虽然她有了些积蓄，但是也都买了基金了，于是她决定先发制人，哭丧着脸说："唉，我要是有钱借给你，倒是好了。我跟你说说你就明白了，我一个月工资八千元，看起来的确是你月薪三千元的两倍之多。但是你月薪三千元还能攒下钱，我虽有八千元却只能勉强维持度日。首先，房租是大头，每个月就需要两千多元。其次，吃饭和交通费用，每个月也要花两千元，这还是在每天吃工作餐、从来不敢下馆子的情况下。再次，公司大，人情往来也很多，每个月少说也要一千元。此外，就是购买衣服和生活用品之类的。你也知道，现在的人都是以貌取人，假如我不把自己打扮得精神、利索一些，就会被人瞧不起。偶尔还会有个头疼脑热的，有的时候家里需要钱，我也还得给父母寄一些，别说攒钱了，每个月不借钱我都谢天谢地了。”

听了谭菁菁的诉说，王倩瞠目结舌：“难怪你一个月挣八千元的人，还没我生活得好啊！”谭菁菁连忙点头，说：“可不是嘛！不跟你说，你肯定难以相信。”就这样，王倩打消了向谭菁菁借钱的念头，对此绝口不提了。

面对好朋友亲戚、家人的借钱请求，拒绝无疑是最难的。很多时候，他人只看到我们光鲜、亮丽的一面，根本不知道我们的生活其实也非常艰苦。因此如果觉得自己根本自顾不暇，就可以像事例中的谭菁菁一样先发制人，从而在对方未开口的情况下就让对方意识到某个请求是不可行的，最终促使他们主动打消不合时宜的请求，这样既保全了双方的面子，也避免了请求说出口之后的尴尬。

婉拒他人的同时表明立场

在拒绝他人时，有些人非但没有给出合适的理由，而且不合时宜地要行使人权，偏说自己就是不愿意帮忙，除此之外毫无理由。尽管帮忙是情分上的事情，但是任何人被如此霸道地拒绝，总归不会是愉快的。

与其这么直截了当、毫不掩饰地拒绝他人，最终导致原本的情分也荡然无存，我们不如采取委婉含蓄的表达方式，给予对方更多的尊重和理解，从而保护彼此的感情不受伤害。当然，需要注意的是，即使采取委婉含蓄的方法拒绝他人，我们也应该竭尽所能地表明心意，千万不要因为委婉含蓄导致意思含糊不清，甚至遭人误解。

三国时期华歆在孙权手下时名声很大，曹操知道后，便以皇帝的名义下诏召华歆进京。华歆启程的时候，亲朋好友千余人前来相送，赠送了他几百两黄金和礼物。华歆不想接受这些礼物，但是如果当面谢绝肯定会使朋友们扫兴而归，伤害朋友间的感情。于是，他便暂时来者不拒，将礼物全部收下，并在所收的礼物上面悄悄记下送礼人的名字，以备“完璧归赵”。

华歆设宴款待众多朋友，酒宴即将结束之时，华歆站起来对朋友们说：“我本来不想拒绝各位的好意，却没想到收到这么多的礼物。但是，匹夫无罪，怀璧其罪。你们想一想我单车远行，有这么多贵重之物在身，我是否有点太危险了呢？”

朋友们听出了华歆的言外之意，知道他不愿意接受礼物，又不好当面拒绝，以免大家都没面子，内心里对华歆油然而生出一种敬意，便各自将礼物取回。

试想，如果华歆声色俱厉地拒绝别人，甚至心怀疑虑，认真盘问对方，也许事态就会扩大化，甚至使双方的友情出现裂痕。当有人需要帮忙，而被要求者由于某种原因不能帮他时，就需要运用拒绝的艺术。委婉的拒绝是消除误会的灵丹妙药。

需要注意的是，在拒绝他人时，不管我们采取何种方式，都应该非常真诚地倾听他人的诉说。否则，倘若我们连听都没有听，就直截了当地拒绝了他人的请求，则一定会被误解为根本不想尽力帮忙。

此外，在拒绝他人的请求之后，也不要报有帮助他人是道义，拒绝帮助他人是道理的想法，这样的想法往往缺乏人情味。倘若我们能够真心实意地因为无法帮忙而向他人道歉，则能够更好地安抚他人的心理，从而使他人即便被拒绝，也不会对我们产生误会。

当然，要想让他人不抱怨我们，一个合理且充分的理由是必不可少的，毕竟对于有能力却不帮忙的人，人们会心怀怨恨，但是对于心有余而力不足的人，即使请求遭到拒绝，人们也不会过分苛求。总而言之，我们拒绝他人必须委婉，这样才能维护彼此间的感情，不至于影响彼此的感情。

恶言拒绝不可取，温言细语抚人心

人与人的相识、相知都是靠缘分的，无论是朋友、亲人、爱人，我们都应该珍惜彼此的情谊，千万不要对他们的真情厚谊不以为然。被人拒绝本来就是一件让人心里不舒服的事情，倘若我们在拒绝他人的时候声色俱厉、言语刻薄，势必招致他人怨恨。与人方便，便是于己方便。当然，当我们没有能力与人方便时，可以拒绝他人的请托，但不要口出恶言伤害他人。

每个人都是独立的个体，都有自己独特的脾气秉性和行为方式，因而无法强求。反过来也是如此，我们自身也不愿意被他人强求，如果他人对我们的期望过高，我们也一定会觉得非常为难。在这种情况下，令自己为难并非明智之举，我们可以做的就是以尽可能温和的方式拒绝他人，从而使得事情得以圆满解决。

言语温和更容易让人接受

“南风法则”又称为温暖法则，指的是温和的力量，其原理来源于法国古典文学家拉·封丹所写的一则寓言故事。

初春的一天，北风和南风在天空中相遇，都想要将这片天空占为己有。两者谁也不相让，最后它们决定进行一场“威力比赛”，赢地留下来，输的离开。它们比什么呢？看谁能将路上行人身上的大衣脱掉。

这个比赛对于强大的北风来说，并不算什么，于是北风首先向一位行人猛烈地吹起一股强风，冷风凛冽刺骨。结果行人赶紧将大衣裹得紧紧的。北风没有得逞，就紧紧地追着行人施加威力，发起更为猛烈的进攻。脆弱的树枝不堪忍受强劲的北风，“咔嚓”一声从树干上掉落。但尽管如此，行人的外套依然没有因为北风而刮掉，反而被裹得更紧了。

北风没有吹掉行人的外套，但是吹断了树枝，这足以说明自己的力量十分强大，于是高傲地等着南风出场。北风停止后，南风轻轻地走出来，向天空徐徐吹动，顿时风和日丽，行人觉得非常暖和，不再需要借助外套来御寒，所以解开纽扣、脱掉大衣。于是这场比赛南风获得胜利。

这个寓言故事告诉我们：在与人沟通时，温和亲切的语气比严肃霸道的态度更能俘获人心。若不能温和一点，对方不但不会接受我们的任何观点，还会适得其反，对我们严加责备。

将心比心才能温言相劝

心理学家经过研究证实，人与人之间的情绪是会相互感染的，尤其是当交谈双方有一方歇斯底里地发脾气时，另一方就算本来心平气和，也难免会马上受到感染，变得心浮气躁。由此可见，良好交流的基础就是保持平和愉悦的情绪，这样才能心平气和地进行交流，使得交流变得更加和谐融洽。

乐乐三十岁了，已然到了谈婚论嫁的年纪，处过几个男朋友都无疾而终。妈妈为此心急如焚，四处托亲戚、朋友为乐乐介绍对象，对此乐乐非常抵触。

周末，乐乐刚回到家里，妈妈就说："乐乐，你大舅妈说，她们医院有个医生，刚和女朋友分手，三十二岁，我觉得与你挺合适。怎么样，明天去见见？"乐乐不耐烦地说："妈妈，结婚是我自己的事情，恋爱也是我自己的事情，您能不能不要跟着瞎操心。"她妈妈一听就火冒三丈，喊道："你现在翅膀硬了有主见了，那你倒是带个男朋友回来给我看看呀。我不管，今年春节不结婚你就别回家过年了！"乐乐听后一肚子火："妈妈，您脑子没糊涂吧，现在已经五月了，您居然让我春节结婚，难道我是萝卜、白菜待价而沽吗？"

妈妈听了也恼火地说："你看看咱们楼上楼下，人家不管是比你大的还是比你小的，孩子都能打酱油啦，你却还赖在家里！""好，您说我赖在家里，那我以后就不回家了！要不是为了回来看看您和爸爸，我才懒得回来听您唠叨呢！"就这样，娘俩儿闹得不欢而散。

在吵闹之中，乐乐三十一岁了，新年的钟声也如约敲响。年夜饭上，她妈妈又开始唠叨，乐乐原本想要发火，转念一想："大过年的，还是别惹妈妈生气了吧。"

"妈妈，您看，您这一辈子和爸爸恩爱到白头，从未红过脸、吵过架，您总不希望女儿的婚姻遭受挫折吧！我是这么想的，我呢也不算年纪很大，我只想找到一个能像您和爸爸一样白头偕老的人，再牵手、再结婚。总而言之您放心吧，您的女儿这么优秀，还怕嫁不出去吗？只是我的真命天子还没出现而已，也许明年这个时候您都已经有女婿了。"说着乐乐夹了一块鱼肉放进了妈妈的碗里。听着乐乐的温言细语，她妈妈不由得伤感起来，眼眶都红了，说：“孩子，我还不是为了你好吗，你可别嫌妈妈烦啊。”

在这个事例中，每当听到妈妈催着自己找对象，乐乐的气就不打一处来，也因此与妈妈产生了很多次争执。在这个世界上，最疼爱女儿的人莫过于她的妈妈。因而当乐乐理解了她妈妈的苦心后，对她妈妈好言相劝，她妈妈也就能够理解乐乐的苦衷了，也就不再火急火燎地催着乐乐结婚了。

温言细语拒绝过火的玩笑

众所周知，多个朋友多条路，多个敌人多堵墙。任何情况下，拒绝人时都不要盛气凌人，更不要满怀嫌恶之情。我们唯有以温和的方式明确表达我们的拒绝之意，才能兼顾各个方面，让结果皆大欢喜。

著名画家张大千留有一把长胡子，一次吃饭时，一位朋友不断拿他的长胡子开玩笑。张大千虽然被人消遣，却一点儿也不烦恼。

他不慌不忙地说：“我也讲一个有关胡子的故事。刘备在关羽、张飞两弟亡故后，兴师伐吴为弟报仇。关羽之子关兴与张飞之子张苞争作先锋复仇。为公平起见，刘备说：‘你们讲一下父亲的战功，谁讲得多，谁就当先锋。’

张苞抢先发话：‘先父喝断长坂桥，夜战马超，智取瓦口，义释严颜。’关兴说：‘先父须长数尺，献帝当面称为美髯公，所以先锋一职理当归我。’这时，关公立于云端，听完禁不住大骂道：‘不肖子，为父当年斩颜良，诛文丑，过五关，斩六将，单刀赴会，这些战绩都不讲，讲你老子的胡子有什么用？’”张大千讲完故事后，众人便再也不扯他胡子的事了。

对于朋友有些过火的玩笑，张大千温和地提出了抗议，大家自然知趣，便不再提这个话题了，张大千的拒绝艺术不可谓不高明。

巧妙拒绝，让对方知难而退

向我们寻求帮助的人，大多是因为觉得我们值得托付和信任。倘若我们因为种种原因不能施以援手，可能会辜负了对方的这份信任，此时再生硬地拒绝对方，无疑会雪上加霜，甚至惹得对方恼羞成怒，也使彼此间费心维护的情分消失殆尽。

有些人在拒绝他人时总是直截了当，非常生硬，也因为方式粗暴，导致他人因自尊心受到损害而心怀怨恨。其实，很多事处理起来都可以避开锋芒，换个巧妙的方式更有利于维护良好的人际关系发展，拒绝他人也是如此。

用暗示的方式，巧妙拒绝对方

当拒绝的话说出口之后，就像泼出去的水一样，不管给对方带来怎样的伤害，都难以收回和弥补。因此，我们要防患于未然，最好的办法就是在事情还未真正发生时，以暗示的方法使得对方知难而退。如此一来，对方自然也就不会因为遭到拒绝而受到伤害，更不会为此埋怨我们不近人情了。

罗西尼是19世纪著名的意大利作曲家。有一次，一个作曲家带了份七拼八凑的乐曲手稿去向他求教。演奏过程中，罗西尼不住地脱帽。作曲家问：“是不是屋里太热了？”罗西尼回答说：“不，我有见到熟人脱帽的习惯，在阁下的曲子里，我碰到那么多熟人，不得不连连脱帽。”

对于这位求教的作曲家东拼西凑的乐曲手稿，罗西尼显然非常不满，但他没有点破对方的抄袭拼凑，而是用富于幽默的“不断地脱帽”的动作和“碰到那么多熟人”的解释，暗示了自己拒绝给出建议，这种拒绝虽不如直说那般鲜明尖锐，但它生动形象，且耐人寻味。为人保留了面子的同时也摆明了自己的立场。

用迂回的方式，让对方知难而退

在职场上，我们时常会因为上级对工作的不合理安排而陷入进退维谷的尴尬境地，或者对同事提出的无理请托无力招架，而又不懂回绝。这种情况下，如果我们直言不讳，势必会影响与上级和同事的关系，甚至会让我们职场之路平增很多磕绊。这时候，如果我们能换一下思路，采用更为迂回的方式提出自己的建议，可能更容易化解职场危机。

张扬工作第三年的时候，由于部门内部重组，公司上层对张扬委以重任，让他去负责管理一个即将成立的新部门。张扬虽然对公司的信任充满感激，但是他知道，凭自己的工作经验和业务能力根本无法驾驭这个职位。

但是，他采用了一种表达自信的方法拒绝接受这份工作调动。他说：“好的，不过由于我对即将成立的部门的业务不够熟练，所以请领导在资源上予以一定的支持。”

当张扬把自己准备得很充分的支持条件汇报给上级的时候，那位上级才发现新的业务部门需要的不仅是一个管理者，想做出业绩，还必须要有大量的人力和财力的成本投入。或者说，也许公司上层早就知道会有这么大的一笔投入，只是他们回避考虑，想让一个有能力的员工先试试水。

而当张扬理性而客观地把自己所要求的"支持"推到上级面前的时候，对方不但知难而退，后来因为解散了那个原本要组织的新部门，还对张扬产生了一种愧疚的心情。在一些重要的学习和工作机会面前，张扬也因此比其他人多了一份幸运。

当然，在职场上和上级说"不"，与拒绝一般同事还是有一些区别的。对同事来说，我们要学会的是，如何言辞真切的让同事感觉到我们虽然想帮忙，但是心有余而力不足。只有让对方感受到我们爱莫能助，对方自然就会知难而退了。

但是，对领导的拒绝恰恰相反，我们表现出委屈的样子会让领导失去对我们的信任。正确的方法是表示自信，刺激领导重新思考。

旁敲侧击，让对方自动退出

很多人之所以活得很累，很大一部分原因就是对于他人有求必应，因为不好意思拒绝别人，结果给自己带来很多压力和不必要的麻烦。所以若想让自己活得轻松，就要懂得拒绝的艺术，学会向自己不感兴趣的人和事说"不"。拒绝他人有很多种方式，一个高明的谈话者总是可以在恰当的时机，采用合适的方法拒绝对方。

罗宾是一位图书推销员，他的工作是每天挨家挨户推销图书。有一天，他拿着一套书，按响了一户人家的门铃。过了好一会儿，有位小姐来开门，满脸惊奇地看着他。

“早上好，小姐，”罗宾说，“我想你可能有兴趣买本《世界通史》。这套图书一共有十二册，你可以从里面拿一本翻翻看，里面的插图漂亮极了……”

“实在对不起，”她打断道，“我正在做饭，没有闲工夫和你讨论历史。我得马上回厨房看看。”不等罗宾回答，她就重重地把门关上了。罗宾不想就这样被赶走，便绕着房子走了一圈，又敲响了后门。开门的依然是那位年轻的小姐。她不耐烦地说：“怎么又是你！”

罗宾说：“你刚才告诉我你在厨房里忙着做饭，我只好绕到后边来。也许你可以让我坐在厨房里，然后你一边做饭，一边听我讲些这套历史书的相关内容。相信我，这本书真的非常有用。如果你现在不买的话，将来肯定会后悔的。”

那位小姐愣了一下说道：“要是你愿意的话，就进来坐在那边吧。”她指了指椅子，又补充道：“我先声明一点，你可能会白浪费时间的，因为我对历史不感兴趣，也没钱买书。”

罗宾坐了下来，接着他就用自己那迷人的嗓音向这位小姐介绍这本书的好处，也没有忘记提醒她这本书其实很便宜。“等等，”她突然打断了罗宾的介绍，转身走进了另外一个屋子，再次回来的时候，手里多了个笔记本和铅笔。

坐下来后，那位小姐对罗宾又说道：“请继续讲吧。”罗宾又开始讲起来，而那位小姐则一边听一边认真地记着笔记，中途还时不时地叫他把刚才讲的内容重复一遍。见她如此有兴致，罗宾很兴奋。他好奇地说：“小姐，你要是把书买下来，就不用记笔记了。”

小姐平淡地说，“你可能误会了，先生。刚开始我就说过，我对历史不感兴趣，而且也不打算在这上面投入资金。”

“但是，你为什么要做笔记呢？”罗宾不解地问道。

她回答道：“我弟弟和你一样，也是挨家挨户销售图书的，但很失败。我刚才记下了你说的有用的话。你真是太聪明了，我将会把这些笔记拿给他看，他就知道下次去推销时该说些什么了，这样他才能赚更多的钱。实在是太感谢你了，我真高兴今天能遇到你。”罗宾呆若木鸡地站在门口，半天说不出一句话来。

客观来讲，任何一位销售员遇到这样的拒绝都会感觉到有点失落，但是相对于那些连门都不让进或者恶言相向的人，这样的拒绝还是蛮温柔的。

隐藏锋芒，装傻充愣拒绝对方

在与人交往中，我们面对一些不合理的要求、无法做到的请托或自己不愿意允诺的请求，本来是应该拒绝的，只是由于人情牵扯的利害关系，往往很难将“拒绝”二字轻易说出口。

这种情况下，如果我们采用一种更为圆融大智的方式，告诉对方我们有迫不得已的苦衷，这样的拒绝之道更符合社交礼仪，也更有人情味。不得不说，装傻充愣是最常见的拒绝办法之一。装傻充愣是一种自遮锋芒、保护自己的手段和技能，这种技能并非与生俱来，更多是我们在生活中不断磨炼自己而体会和习得的。智慧的人懂得韬光养晦去创造真正的价值。

适时装聋作哑，轻松拒绝对方

在某些场合，对于他人提出的问题，不管自己怎样回答，都会置自己于不利的地步。此时，装聋作哑式的拒绝就是非常好的办法。

当我们想要表达拒绝而又不知道该如何做时，沉默不语就是最好的武器，因为它可以收到“无声胜有声”的良好效果。

用沉默应对，避免矛盾升级

有时候，面对他人的故意刁难时，如果我们正面反击就有可能正中他们下怀；相反，如果保持沉默，任凭对方怎么发作我们都不做出反击，对方可能很快就会悻悻作罢。

事实上，在这种情况下保持沉默，不仅能体现我们豁达的胸怀以及良好的修养，而且能让对方意识到我们拒绝的态度。

王笑然从小就是父母眼中的乖乖女，参加工作后也是公司里默默无闻的隐形人，平时很少说话。当然，这并不意味着王笑然就是一个害羞、懦弱的小姑娘。事实上，她平时和人说话时总是面带微笑，而且很有自己的主见。和她关系要好的朋友都知道，王笑然只是不想太张扬罢了，但她心里对一切都非常清楚。

她们部门有一位脾气比较火爆的姑娘，平时遇到点儿烦心事就拿身边的同事出气，谁和她坐在一起，谁就会遭殃。那个姑娘来公司不到半年，旁边已经换了几个同事。最后，没办法，主管只好把王笑然安排到她旁边，因为部门里的同事差不多都轮了一遍。

一天，因为和男朋友吵架了，所以那个姑娘一进办公室就满脸阴沉，刚坐到自己的座位上就开始对王笑然发难：“哎，我说，你能不能敲键盘小点声，吵死了。还有，报表什么时候做好？急用。”其他同事都暗暗鸣不平。王笑然非但没有生气，眼睛还盯着对方看了一下，然后很调皮地来了一句：“啊？哦！”紧接着，她就没音了，头一扭又开始忙自己的工作了。结果，那个姑娘脸涨得通红，不知道接下来该如何应对。没一会儿，对方就趴在桌子上哭了起来。此时，没有任何人上去安慰，反而是王笑然主动给她递了纸巾，并说了两句安慰的话。

让公司所有人感到惊奇的是，从那以后，那个姑娘再也没有对王笑然发过脾气，而且两个人也渐渐成了朋友。后来回忆起那次发飙的经历，同事们问王笑然为什么不反击的时候，王笑然这样回答道："如果反击有用，我肯定就会反击，事实证明，沉默才是最好的反击，不是吗？"

表面上看，沉默不语像是一种模糊的语言；但从本质上讲，它却是一个明确的表态。当然，沉默并非灵丹妙药，更不是万能钥匙，不能解决所有的问题。有时候，我们的沉默反而会助长他人的气焰。所以说，在涉及原则、正当权益等问题时，我们需要坚决地打破沉默。

用推脱之辞拒绝，巧达拒绝目的

众所周知，人们处在一个大的社会背景网络中，互相制约的因素有很多，在人际交往中，当我们不便明言回绝他人时，敷衍拒绝是最好的方法。敷衍是一种艺术，如果运用得巧妙，这种拒绝方式既不会伤害他人的感情，又能取得良好的效果。

某报社评定职称，秦浩工作做得不差，也写了多篇颇有质量的稿子，想破格晋升副高级编辑，但根据破格评审的条件，秦浩中级的任职年限还差一年。于是秦浩找到了担任评审小组组长的报社吴总编，想让吴总编在评审时给说些好话，做做工作。

吴总编在听完秦浩的话后，诚恳地对秦浩说："你的心情我非常理解，但职称评定是由评定小组所有成员讨论投票后才能决定的。

我看这件事不容易通过。因为据我所知，像你这种破格条件只差任职期限的人还有几位，同意你了，那别人呢？我看你最好别抱什么希望，如果你实在要坚持参评，等大家讨论结束后再说吧。目前，我个人没办法做出决定。”秦浩听到这样的话，只好不再强人所难，心中打起了退堂鼓。最后只好对吴总编说：“好吧，既然是这样，我也不为难您了，以后再说吧！”

吴总编的回答实际上就是一种推托之辞，他先把矛盾巧妙地引向另外的地方，让秦浩明白，不是自己不帮他，而是自己无能为力。这样，虽然吴总编未直接对秦浩说：“不行，这事我不能帮忙。”但客观上达到了拒绝的目的。

一直以来，遭到拒绝都不是一件让人高兴的事情。尤其是在众目睽睽之下，被人拒绝绝大多数时会让他人觉得颜面尽失，也会让发表拒绝意见的人感到非常尴尬和难堪。所谓条条大路通罗马，既然直接当面拒绝并不合时宜，那么我们不如运用装傻充愣的方式告知对方我们的立场，这样能让问题得到妥善解决，也能避免伤害彼此间的情谊。

用自贬的方式回绝，给对方留足面子

心理学家通过一项调查发现，12% 的上班族曾经以自贬的方式对上司装过傻，14% 的人以自贬的方式对同事装过傻。其实，自贬的现象在生活中和职场上都很常见。与人交往中，有很多既没有什么实际意义又浪费时间与精力的无效社交活动让人身心疲惫，这时候，我们可以采取自我贬低的方式表明我们不愿为之的意愿。

拒绝对方前先自损

不论是在职场上，还是在生活中，热情帮助别人，对别人的困难有求必应，肯定有助于我们建立融洽的人际关系。但事实上，经常会发生这样的事，即别人求助于我们的事情恰恰是让我们力不能及或者感到为难的事。

“国民励志女作家”咪蒙在教大家如何高情商地好好说话的文章中，就提到了“包装”拒绝的一个绝招——拒绝别人，可以先自损。

咪蒙在文章中写道：“很多人找我约稿，我就会说‘我人品特别差，是个超级拖延狂，经常放鸽子。我对你最负责任的做法，就是不接这个稿子，真的，请谅解。’别人只好说‘好吧，那以后有机会再合作。’”

在对方提出请求后，不要马上回答，而是先讲一些理由诱使对方自我否定，自动放弃原来提出的请求，以减少对方遭到拒绝后的不快。咪蒙的这一拒绝方法确实方便好用，值得我们每一个人借鉴。

用自贬的方式拒绝对方的好意

林语堂曾说，“不给面子是最大的无礼”，顾忌他人面子，或者要求他人给自己面子，是合乎中国传统文化的社交礼仪的。这是中国千百年流传下来的不成文的“人情法则”。人们常常用自以为是的好意来践行“人情法则”，为的是维护良好的人际关系，以备不时之需。面对来自他人的好意，我们往往深感盛情难却，却又不想违背自己的初衷。这个时候，自我贬损不失为一种拒绝他人的良策。

张朝阳的公司近期要进行人事调整，公司的总经理有意安排张朝阳进采购部，张朝阳本人也对采购部比较向往。但是后勤部的李经理想把张朝阳调到他手下，李经理非常热情地邀请张朝阳，还让他打电话给总经理申请后勤部。张朝阳只是笑笑，没有答应，也没有拒绝。

张朝阳回家跟父亲无意间聊起这件事，父亲想了想说："你想去采购部，但又苦于无法拒绝后勤部部长的热情邀约，我教你个法子。"张朝阳赶紧向父亲讨教。

过了两天，张朝阳已经进入了采购部，他跟李经理说："我到采购部先学习学习，增加点工作经验，再历练历练。"李经理只好说："这样也行。朝阳啊，别把部门看太重，分部门别分家，有时间我们多探讨。"张朝阳满口答应。

张朝阳的拒绝方式非常巧妙，他自己内心当然觉得采购部比后勤部要好得多，但是他流露的意思是他还没有到后勤部任职的资质，先到采购部学习历练，给足了李经理面子，同时也没有把话说得太死，没有完全拒绝去李经理麾下任职的可能，也给自己留了一条退路。

自贬要有度，适当降低对方的期望值

我们经常说"职位越高，责任也就越大"，同理，他人对我们的期望值越高，对我们的要求也就越多，这种突如其来的压力往往会让我们难以招架。所以说，遇到一些有难度的任务，我们可以通过降低他人期望值的方式来避免一些不必要的麻烦。比如，我们可以说："其实我不是很擅长这个，到时候搞砸了，你可别怪我哟！"这样一说，对方可能会对不尽如人意的结果有一定的心理准备，一旦圆满解决问题，反而会给对方带去惊喜。

当然，当我们利用“无能”来进行自贬的时候，一定要对“无能”的内容有所把握，因为不是随便哪个无能都能让对方信服。除了自贬的内容要符合自己的身份、背景之外，自贬的使用频率也不可太频繁。也就是说，把自贬作为一种拒绝他人的方式必须要把握好度。如果我们为了省事，对这个人说自己不行，对那个人也说自己不行，对这样的事说自己不行，对那样的事也说自己不行，久而久之，别人真把我们当作无能的人来对待。最重要的是，当我们把无能当成一种习惯时，无能就会利用我们的潜意识将我们变成一个真正无能的人。

此外，为了避免给他人留下不可靠的印象，在自贬时，也要具体情况具体分析。对于与自己专业、工作相关的问题，不要轻易去说自己不会、不懂。另外，在拒绝的时候，最好用那些对自己不重要的部分来贬低自己。比如，别人请你帮忙设计一个 PPT 的方案，我们可以说：“PPT 的操作我很熟悉，不过具体的文案策划，我不是很擅长。”如此一来，就可以减少他人的揣测，同时也可以避免给他人留下我们缺乏专业能力、不靠谱的负面印象了。

最后，我们需要注意的是，拒绝对方时，态度一定要和蔼，不要流露出不高兴的表情，或者去藐视对方。还有一个最关键点，就是要明确说出事实。要据实言明，不要采取模棱两可的说法，这样会导致对方因摸不清我们的真实意图而产生许多误会和隔膜，以致关系越来越淡。只有用妥当的拒绝方式诚恳应对，才能使对方接受我们的拒绝。

虚构第三方，巧借他人之口说“不”

在拒绝他人时，给出一个合理的理由能够降低因为拒绝而对人际关系带来的负面影响，让有求于我们的人也能够理解我们的难处，而不会对我们产生排斥之感。当我们对他人的请托确实难以承担，但又不想暴露自己的真实意图，不妨拿他人当作自己拒绝的托词，这样既不会驳对方的面子，也不会招致不快。

心太软是职场大忌

不管任何时候，拒绝他人的请求或否定别人的意见，对我们来说，都是一件极为困难的事。在职场上，很多人都不懂得如何拒绝同事的请求，因为他们害怕失去良好的人际关系。所以在面对同事不合理要求的时候，常常感到为难，以致每次都心软地接受。

快下班的时候，魏云接了一个电话，这已经是这个月第四次在下班的时候接到同事美美的电话了，魏云无奈地接起电话，听对方说：“亲爱的，救救我吧，帮我写个方案，客户已经催了好几次了，可是我实在没有时间啦，你知道最近我和男朋友刚在一起，需要时间稳固关系，你帮帮我，就算支持我的爱情啦……周末我请你吃日本料理。”

美美是魏云在公司里最好的朋友，属于那种嘴巴很甜的女人。她下班就忙着去约会，常常把做不完的工作推给魏云。每次，魏云都想拒绝，可是一想到彼此间亲密无间的关系，都不知道该怎么开口拒绝美美。作为好朋友是该相互帮助，但拒绝会不会让自己失去这个朋友呢？

一般人总是心软的，特别是在面对同事的请求时，我们往往委曲求全，照单全收，不知道如何拒绝，也害怕拒绝会给自己带来不利结果。帮助同事本来是好事，可是面对同事的一些不合理请求，那就应该学会拒绝。

借他人之口拒绝对方

我们之所以认为拒绝他人的话难以说出口，主要是因为担心破坏我们与他人之间的人际关系。事实上，有的时候我们根本不用绞尽脑汁去想那些拐弯抹角的拒绝方式，只需要将事情无法达成的原因借他人的口说出来，来表明自己心有余而力不足。既然是由于第三者的阻碍而无法达成，自然不会伤害彼此间的感情。

比如，我们可以说“我的朋友说……”“我的同事说……”“大家都认为……”其实，这些所谓的“朋友”“同事”“大家”可以是根本就不存在的人。这种拒绝的方式，在很大程度上能消除人们的心理障碍，而使问题得以顺利解决。

此外，我们在借第三人之口拒绝他人时还需要注意，我们找的第三方最好是比较权威的人。对于生活中的有些人和事，只有比较权威的人定的所谓规矩才能更有说服力。比如，出于工作需要，我们要跟进某位上级的工作进度，作为下属，我们不妨这样说：“经理让我来问问，部门的工作报告写好了没有。”这样一来，迫使他不得不以认真的态度来回答问题，而我们也不会被对方压住了气势。因为我们已经无意间将自己的身份从“传话者”转换为了“办事者”，纵使对方心里不情愿，鉴于上级的压力，也不敢对我们太过无礼。

当然这一招也不能乱用，而且最好是用来拒绝陌生人或者不是很熟悉的人，比如某个推销员或者刚认识的一个还不清楚底细的朋友。如果是很熟悉的、知根知底的朋友，借他人之口拒绝的方式就会显得缺乏诚意，从而对我们的印象大打折扣。以第三方的身份表达拒绝之意，这种方法看似推卸责任，却很容易被人理解：既然爱莫能助，也就不便勉强。

总之，当我们在与人交往中遇到那些不能以自己之口直接拒绝时，最好借别人之口说出来，这样既维护了我们的自身形象，也能取得良好的办事效果。所以，我们每个人都可以在必要时虚构一个第三方，把自己的意愿归到他身上，适当地弱化自己的地位，表现出一种对决策的无权控制，拒绝效果就会立竿见影。

巧举“挡箭牌”回绝对方的好意

在现实生活中，面对拒绝之言，无论多么委婉，仍然避免不了给他人留下缺乏诚意，不愿出手相助的印象。这个时候，如果我们拿出合情合理的“挡箭牌”，便可以将自己置身事外，同时避免不必要的纠纷和麻烦。

有一位球星在国际上非常出名，和所在的球队完成合约以后，正在考虑寻找下一个合作对象。其间他来到另外一个国家，受到了当地球迷的热烈欢迎。有记者和球迷问他愿不愿意留在本地，加盟本地的一支球队。

面对这个问题，这名球星巧妙地回答道：“我很喜欢这个地方，这次来这里我觉得不枉此行。非常感谢大家对我的支持和热爱，可是家庭对我来说太重要了，我有三个孩子，年龄还非常小，远离他们让我这个做父亲的觉得难以忍受。况且，我得和我的经纪人兼老板商量之后才能做决定。我不会拒绝一切好的机会，但我要认真地考虑一下，所以这个时候我不能给出任何承诺。”听到球星的话，大家也就不在这个问题上多做纠缠了。

这名球星非常聪明，直接拒绝会伤害球迷的感情，而将自己年幼的孩子作为挡箭牌引起他人的理解之心，又以自己要听从经纪人的安排为借口，打了一把太极拳，而且，还为自己将来可能到这个国家打球留下了一定的余地。球迷们当然会欣然接受这种“暂时的拒绝”。

找一个合理的理由拒绝对方

拒绝他人不是一件容易的事，尤其是作为身不由己的职场人。然而，不管困难与否，面对强加在身的不公和无力承受的重担，我们还是要勇敢拒绝的。前提是要表明自己坚定的立场，选择合适的时间和方式，使用恰当的语言。总而言之，尽量使用让对方易于接受的方式，减少因拒绝给对方带来的负面影响。

我们都知道，当一个人开口求助他人时，内心其实是脆弱而担忧的。所以，我们在拒绝之前，首先，应该用心倾听对方的需要与处境，这样，我们才能知道自己该用什么样的方式施以援手；其次，拒绝的语言要诚恳，语气要温和，最重要的是要让对方了解我们拒绝的苦衷和歉意，也就是我们需要找个牵绊我们无法提供帮助的理由。

合理的理由应兼顾双方的利益

在职场中，对于上级提出的不合理请求，许多人都不懂得该如何去拒绝，往往会碍于情面而违心地应承下所有的不合理要求。其实，这样并不是成熟的处理问题的办法，对于自己不擅长的事硬着头皮去做可能会对公司造成损失，而自己也会给上级留下不好的印象。当然，没有人喜欢被拒绝，所以，在工作中，应该掌握必要的沟通技巧，既不驳上级面子，又能达到拒绝的目的，尽可能降低拒绝产生的负面效应。

刘彬进入公司快四年了，领导经常挂在嘴边的一句话是“不论什么事情只要交给刘彬，我就放心了”。刚开始刘彬很高兴，但时间一天天过去了，领导交给自己的工作任务越来越多，刘彬经常听到这样的吩咐“刘彬，这个项目你负责一下”“刘彬，这个客户你去接待一下”“刘彬，这个项目人手不够，你跟进一下”。

刘彬手里的事情多得做不完，身边的同事却有时间发呆，薪水并不比自己少多少。刘彬心想，也许自己再忍忍就会有升职加薪的机会。但是，每次到了升职加薪的时候，机会总是从刘彬眼前溜过，到了别人的口袋里。后来，刘彬也从人事部的老同事嘴里得知，关于自己升职的事情，中层主管会已经讨论过很多次了，每次都被领导否决了，说刘彬虽然业务能力不错，但管理能力不足，需要再锻炼锻炼。这时老同事就会说：“你想想，如果你升职了，他上哪儿去找这么任劳任怨的下属呢？”

刘彬觉得，自己一定要想办法拒绝领导了，可是，该如何拒绝呢？这天，领导又开始吩咐：“刘彬，下班后先别急着走，有一个新项目想跟你聊聊。”刘彬脱口而出：“不好意思，领导，今天我妈妈从老家过来了，就是五点半的火车，我得去接一下，您也知道，老年人嘛，手脚不太方便，我可不放心她跟那些身强力壮的人在火车站拥挤，而且我妈妈也不认识路，我必须得去接她。”领导似乎很理解，挥挥手，说道：“行，那你早点回去吧，项目的事情明天一早你来我办公室再细说。”

在案例中，刘彬虽然找了“接人”的借口拒绝了领导要求加班的请求，但并没有从根本上解决问题。如果被领导识破，还会面临失去领导信任的危机。对此，作为下属，应该在拒绝领导时，找一个更为合理和长远的理由。找合理的理由其背后的意思是需要照顾对方的心理，拒绝尽量在不伤害对方的前提下进行。

找到充分的拒绝理由才能摆脱困境

通常我们在拒绝他人时都会阐述一些理由，而这样的一些理由应是充分而合理的，否则会给对方留下不通人情的话柄。所以，在拒绝对方之前，我们需要整理好自己的理由，至少，让这个理由听起来更合理、更充分。

一方面，如果没有充分的理由就拒绝，我们在和对方沟通的时候，免不了会含糊不清，立场不明；另一方面，若是理由太过敷衍，不足以取得对方的理解，最终有可能会导致双方关系破裂。当然，在拒绝过程中，拒绝对方要开诚布公，明确说出自己的理由。

孙经理总是给小安布置很多的工作任务。这天孙经理又在给小安增加工作量的时候，小安鼓足了勇气说：“经理，我手里现在负责的有三个大的项目，还分别牵扯了十个小的项目，我担心时间安排不过来。”孙经理一听，脸色马上变了，说道：“可是，这个项目只有你去做我才放心。”小安只好无奈地表示：“那好吧，我赶一赶。”说完这句话，小安就后悔了。

看到孙经理的脸，小安轻描淡写地说：“不过，要按时保质完成，我需要几个帮手。”孙经理愣了一下，但马上笑着说：“我考虑一下。”原来，小安是这样想的，如果孙经理答应给自己派个助手，那就相当于变相给自己晋升，自己的工作也就分担出去了；如果不答应，那他也不好继续给自己布置工作任务了。果然，孙经理没有再给小安安排新的工作，而且还经常跑过来关心小安的工作情况。

在这个案例中，小安的拒绝方式是成功的，向领导表达自己的难处，得到了领导的理解，当然，在拒绝的过程中，也要很好地照顾到领导的面子，从而和谐了上下级之间的关系。孙经理在遭到小安的拒绝之后，并未对小安产生反感的情绪，反而经常询问其有关的工作情况。

在拒绝领导时，我们特别需要注意自己的言辞，选择一个合适的场合，用友好的语调与其交谈，只要让领导感觉到来自下属的尊重，并且是在维护他的权威和形象，领导就会对拒绝这件事不再耿耿于怀，甚至会因为我们的善解人意而备受领导的亲近。值得注意的是，务必要规避用太过直接和激烈的措辞跟领导说话，这样只会造成争吵，而通常争吵的结果都是自己被迫降职或离职。

MAKE PEOPLE LIKE YOU AS SOON AS YOU OPEN YOUR MOUTH

第七章

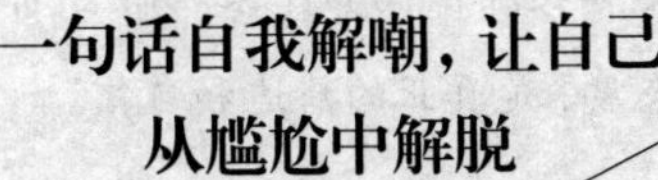

一句话自我解嘲，让自己从尴尬中解脱

有人觉得自嘲就是自我贬低，其实自嘲和自我贬低有着本质的区别，自我贬低可能只是一种谦虚，大多时候是由于缺乏自信的表现出来的自轻自贱，一个没有自信的人是不会自嘲的，也因为时常自轻自贱，反而给他人留下更加畏缩怯懦的印象。而自嘲则是一种更为高明的人生态度，是真正的豁达和自信。

善于自嘲的人，都有处世的大智慧

有人说，说话的最高境界是幽默，而幽默的最高境界就是自嘲。所谓自嘲，就是拿自己开玩笑，调侃自己。这样的幽默是最难得的，而敢于自嘲的人更是魅力四射。众所周知，谈话要想有所进展，前提就是需要良好的氛围，倘若氛围不好，只怕双方说再多的话也无法将话题引入到深层次的交谈。从这个角度来说，自嘲不但是一门艺术，更是人际交往中一门高深莫测的学问，能够把自嘲运用得炉火纯青的人，一定是有着高超智慧的人。

善于自嘲的人，人缘都不会太差

幽默愉悦的方式表达说话者的洒脱、真诚和开朗。这是人类经过长期的对语言的千锤百炼，因而成为让人情趣盎然的语言风格。

央视的春节联欢晚会上，中国台湾地区影星凌峰取下帽子向观众行礼时，人们看到的是他那光光的脑袋，晚会气氛活跃了许多。接着他开口说话了："在下凌峰，我和文章不一样，虽然我们都得过相同的荣誉，但是，我是以长相而出名的。"

这一即兴发言获得了热烈的掌声，在观众对他坦诚亮丑的语言报以好感和善意的笑声中，他又继续发表只属于他的独特风格的演说："两年多来，我在大江南北走了一遍，所到之处，观众给予我很大的支持，特别是男性观众对我的印象特别好。因为，他们认为我的长相特别中国，中国五千年的沧桑文化全都写在我的这张脸上。

一般情况，女性观众对我的印象不算太好，有的女观众对我的长相达到了无法克制的地步，她们认为我是瘦比黄花，黑比煤球；但是，时代潮流在变，人们审美的观念也在变。如果你仔细地总结一下就会发现，现在的男人一般可分为三种：第一种，看上去很帅，可是看时间长了以后，就觉得他没有味道了，这一种就像我的好友刘文正那样；第二种，看上去难看，看时间长了还是越看越难看，这一种就像我的好友陈佩斯那种；第三种，看上去比较难看，但看时间长了以后你就会感觉，他有另外一种男人的味道，这种就是像我一样。鼓掌的都同意了！鼓掌的都是和我长得一样的，真是物以类聚呀！”观众笑得前仰后合。

这就是自嘲。有人说，幽默就像一个精灵，随时会出现在我们的身边，让大家汲取它的灵气。就像凌峰一样，善于拿自己开玩笑的人总是更容易受到人们的欢迎。

善于自嘲的人，都有处世的大智慧

人际场上是有鄙视链的，人们会有一种普遍的心理：优秀的人看不上恶劣的人，聪明的人嘲笑愚蠢的人，美貌的人嫌弃丑陋的人，成熟的人笑话幼稚的人，以此类推。自我嘲讽实则是对自我有很清晰的认知，是对外界嘲讽的一种先发制人的自我保护。作家赫伯·特鲁认为自嘲不仅利于身心健康，人们会因为懂得自嘲而在人际交往中游刃有余。

抗日战争胜利后，著名画家张大千准备从上海出发，回到四川老家。此行路途遥远，因而很多好朋友都要为他送行，为了让聚会尽兴，有个朋友还邀请梅兰芳等著名的戏曲艺术家作陪，一起为张大千践行。那次，是张大千第一次见到梅兰芳，他们二人一见如故，彼此投缘，因而始终谈笑风生，毫无陌生感与隔阂感。眼看着开席的时间到了，朋友们一致主张让张大千坐在上座，张大千却说：“梅先生是真正的君子，他应该坐在上座，而我呢，却是个地地道道的小人，只能坐在末座，能够陪伴梅先生已经不胜荣幸。”听到张大千这句话，朋友们都丈二和尚摸不着头脑，一个个你看我我看你，全都瞠目结舌，甚至有些朋友感到非常紧张，彼此以眼神示意。原来，他们完全误会了张大千的意思，还以为张大千曾经与梅先生有过过节呢！

就在现场气氛到达紧张巅峰时，张大千却从容不迫地说：“常言道，‘君子动口，小人动手’，你们看，梅先生是唱戏的，典型的动口不动手，因而是君子。而我呢，却是个画画的，向来都是动手不动口，可不是小人嘛！所以，我坚持让梅先生坐上座，我来坐末座，这样再公平不过啦！”张大千话音刚落，在场的朋友们全都会心地哈哈大笑起来，那些原本一颗心已经提到嗓子眼的朋友们，也非常高兴地又拿来椅子，让张大千和梅先生一起坐在首座。后来，每当提起张大千，梅兰芳都会说起这件让人高兴的事情，并且真心地夸赞张大千非常幽默，充满智慧。

在朋友相聚的欢乐时刻，张大千以自嘲引起大家紧张，又以一番解说让大家悬着的心全都放下来，且觉得非常高兴，满堂欢声笑语。不得不说，张大千不但以自嘲抬高了梅先生，也以自嘲给大家带来欢乐，实在是让人钦佩不已。也因此，他给梅兰芳留下了深刻印象，得到了梅兰芳的赞赏和至高评价。

一个真正善于自嘲的人，总是能够利用大智慧，或者为人际关系锦上添花，或者化干戈为玉帛。实际上，自嘲就相当于给自己搭建下台的梯子，不但能够让自己有台阶可下，也可以达到幽默自己和他人的效果，让交谈的气氛变得热烈融洽。最重要的，自嘲者还可以在此过程中表现自身的智慧，让欢乐围绕在自己的身边。一个敢于自嘲的人，是真正了解自己缺点的人。善于自嘲，正说明了这个人拥有直面自身优劣的自信。只有这样的人，才会在生活中更好地体现自己的价值。

日常生活中，倘若每个人都能恰到好处地运用自嘲，以此来表现自己的自信，也让人相信他们是非常优秀的，从而顺理成章地彰显优点，认识缺点，则一定能够得到大家的欢迎，也让自己拥有好人缘。

临危不乱，敢于自嘲摆脱窘境

人与人交往的过程中，因为每个人的脾气秉性不同，也因为处理问题的方式方法不同，因而难免会有尴尬的时刻，人们也时常会遭遇冷场和难堪的局面。在这种情况下，与其想尽办法欲盖弥彰，不如坦然大方勇敢自嘲，这样就能摆脱尴尬，逃出窘境，也使得我们自身卸下生活的包袱，活得更加圆通豁达。

聪明人懂得适时暴露自己的缺点

那些聪明的人在与别人打交道时，并不会全部暴露自己的优点，反而会有意无意地显示出一些缺点，甚至是装出来一些缺点，他们的用意无非是成全别人的好胜心，通过别人的喜欢来为自己建立良好的人际关系。

有一位外国的政治家曾被传傲慢、难以接触，一位记者奉命前去拜访，目的是获得一些有关政治家的丑闻，来提高报纸的销量。

但是当记者如约见到政治家之后，来不及寒暄，这位政治家就对想要开口质问他的记者说道："我们的时间很多，不着急，可以慢慢谈。"听到政治家这么说，记者被他那种从容不迫的态度感染，觉得这个人并不像外界传扬的那般骄傲冷漠。

他们稍坐一会儿，仆人端来了咖啡放到桌上。这位政治家端起咖啡喝了一口，而后喊叫出声："好烫。"咖啡杯随着政治家的喊叫掉落到地上，仆人连忙上前收拾起来。政治家打开烟盒，取出一支烟叼在嘴上，但是他却把烟嘴的位置颠倒了，当他要给过滤嘴点燃的时候，记者赶忙提醒道："先生，你的香烟拿倒了。"政治家听到记者的提醒，连忙将香烟换了个方向，不料却将烟灰缸碰翻，掉在了地上。

这一连串的洋相，令记者大感意外。经过这样几件马虎的小事，记者心中那个趾高气扬的政治家变得亲近了许多。而这些，不过是政治家一手安排的，他刻意地贬低自己，让记者觉得他并没有那么难以接触。而恰恰是他这样的行为，让记者在报纸上发表的都是一些正面的看法。

社会中总是有很多看不见的斗争，每个人都可能成为我们的盟友或者敌人。想要让对方不给我们带来麻烦，就要维系好双方的感情。想要做到这点，就必须进行有利于自己的交际，并且在交际中适当地用自嘲的方式来降低自己而突出别人的优势。一旦让对方觉得这个场面是自己的舞台，就很少会出现冷场或者其他尴尬的事情发生。虽然表面看上去是成全了对方的好胜心，实际上真正受益的却是自己。

巧用自嘲破解尴尬局面

在现实生活中，我们常常会遇到这样的人，如害怕被病魔缠身、拒绝自爆缺点、时时刻刻以完美的一面示人，殊不知生活处处有意外，因为担心损害形象而让自己身心俱疲。其实，自嘲不是妄自菲薄，更不是自取其辱，自嘲是一种精神，这种精神能使人有着更轻松的生活态度，不再去患得患失、锱铢必较。适当的自嘲不仅能改变困境，更能体现出自信，它可以让我们在身处困境的时候顺利地找到台阶走下去。

作为美国航天员，阿姆斯特朗和澳德伦一起登陆了月球，但是阿姆斯特朗最终迈出了踏向月球的第一步，自此被称为“一个人的一小步，全人类的一大步”的第一人。对此，和阿姆斯特朗一起登陆月球的澳德伦有何感想呢？毕竟阿姆斯朗特仅仅比他领先一步，就在人类历史上留下了光辉的大名。对此，在返回地球之后，曾经有记者特意问澳德伦：“你觉得遗憾吗？如果当时由你最先踏上月球呢？”此言一出，当时在记者招待会现场的人都陷入了沉默，毕竟这个问题很敏感，也不能说是不遗憾。

此时此刻，就连阿姆斯特朗的表情都有些尴尬，显得很僵硬。不想，澳德伦却面不改色，心平气和地说：“这有什么关系呢！你们可知道，当初回到地球时是我第一个爬出太空舱，踩到地面的。我可是第一个从其他星球上来到地球的人啊！”澳德伦此言话音刚落，在场的人们都给予了他热烈的掌声。

此案例中，记者提问向来以犀利见长，面对澳德伦的遗憾之事，他们故意哪壶不开提哪壶，只想让澳德伦觉得丢面子，但是澳德伦显然非常机智，以踏上地球的第一人自诩，不得不说他的回答精彩绝伦，简直无懈可击。尤其是其对于自身功名利禄的淡泊之心，更是让人佩服不已。如此一来，澳德伦不但保住了自己的颜面，也彰显了自己的胸怀，可谓一举两得。

当众出丑不要怕，自嘲化解尴尬

在公共场合，万一不小心说错了话或出了糗事，就难免出现令人尴尬的场面。不过，我们大可不必费力掩饰自己的过失，不妨放松心情调侃自己一番，说不定比掩饰更能缓和尴尬气氛。

著名主持人杨澜曾应邀前往广州天河体育中心主持第九届大众电视“金鹰奖”颁奖文艺晚会，为了舞台效果，现场灯光昏暗。在晚会中一次报幕退场的间隙，杨澜虽然很小心，但还是看不清面前的台阶，被绊了一下，大概是穿旗袍和高跟鞋的缘故，身体瞬间失去平衡，“扑通”一声，着着实实地摔了一跤，顺台阶滚了下去。这个意外让全场顿时嘘声四起，一片哗然。

场面一度惊险而极为尴尬，杨澜不愧为身经百战的主持界大咖，只见她迅速地整理衣装站起来，带着她那招牌式的笑容对观众说：“真是‘人有失足，马有漏蹄’呀！我刚才的‘狮子滚绣球’节目演得还不够熟练吧！看来，这演出的台阶不那么好下呢，但台上的节目会很精彩的。”台下顿时爆发出热烈的掌声。

杨澜的高情商此刻展现的一览无余，自嘲可谓是恰到好处，虽然因为自己的失误在观众面前出了丑，但她并没有在此刻去计较自己的形象，而是用一种临危不乱的方式让自己摆脱了窘境。这种精彩的表现，恰恰也让观众看到了杨澜的豁达和坦诚。

事实上，自嘲的人往往善于随机应变，根据事情的发展走向，他们灵机一动，就能给自己找到契机和突破口，从而帮助人们转移注意力，也使自己避免尴尬。当然，在面对尴尬的局面时，我们要注意自己语言和行为，千万不要因为情势尴尬或者急迫，就口不择言，做出出格的事情。任何情况下，自嘲都是与人同乐的开心事，也千万不要因为自嘲惹得自己和他人不快，否则就是得不偿失。

巧用自嘲，为自己和他人留后路

人与人交流的过程中，常常会因为一言不合，导致彼此关系僵化，甚至使交谈陷入尴尬冷场的境遇，彼此再也无法谈笑风生。在这种情况下，尤其是在面面相觑却沉默无言的时候，则显得非常难堪。倘若有人能够在此刻用幽默的方式打破僵局，这份机智和幽默却足以使他人对我们留下良好的印象，也能帮助我们建立良好的人际关系，使得人与人之间的相处变得更加和谐融洽。

用自嘲的方式，帮助他人摆脱困境

毋庸置疑，每个人在生活和工作中，都会遭遇尴尬的时刻，在这种情况下，如果我们不能逃脱，只有坦然面对，随机应变，才能让自己脱离困境。而面对他人身处尴尬之境时，我们不妨向他人施以援手，将焦点引开，帮助他人渡过难关。

张凌带着两个得力助手，代表公司接待几个非常重要的客户。业务洽谈进行了一上午，眼看着快到中午了，张凌方与客户方正就几个分歧点苦思冥想，正在此时，突然有个客户的肚子发出咕噜咕噜的叫声，在空旷安静的会议室里显得特别突兀。

此时，张凌看到客户的脸上显出一丝尴尬和不快，他不经意地伸直了腰，摘下眼镜捏捏揉揉眼对助手说：“亚涛，时间也不早了，要不咱们先吃午饭再继续工作吧，你们听，我的肚子都饿得咕咕叫，发出抗议了。尤其是它知道咱们今天中午要吃本地的特色菜，也犯了馋瘾，更加迫不及待地等着开饭了呢！”同事亚涛马上心领神会，笑着说：“其实我的肚子早就开始叫了，那咱们就去吃饭吧，我现在就去安排餐厅上菜。”

听到张凌和亚涛一唱一和，客户的脸色才渐渐缓和。由于张凌及时帮这位客户化解了尴尬，这位客户在接下来的洽谈中和张凌方十分配合，同来的几个客户在这位客户的影响下，都与张凌达成了合作意向，这使得张凌一下子成为公司的功臣，张凌也因此次洽谈为公司带来了可观的利润，不久便得到了老板的提拔。

在此例中，张凌明明知道是客户的肚子在咕咕叫，为了避免客户难堪，他特意说是自己的肚子在叫，因而帮助客户摆脱了尴尬。至于张凌，虽然帮助客户顶了“黑锅”，但是因为他巧用自嘲的方式，所以并没有过分丢面子，反而因为随机应变而赢得了客户的信任。

与其被黑，不如自黑

自黑是一门艺术。什么是自黑？字面上的意思就是自己黑自己。自黑得漂亮，对个人魅力而言绝对是加分项。女人脸皮薄，因此，大多数女人都不愿意拿自己开涮。其实，那些真正自信的女人是不在乎这些的。恰到好处的自黑不仅不会贬低自己，而且还会起到“黑到深处自然红”的效果。

不得不说，自黑绝对是一种具有强大自信心的表现，敢于自黑的人，就不会再惧怕任何人对自己或恶意或善意的抹黑。当然，自黑本意也不是真的“黑”，而是在传达一个积极应对困境的态度。

用自嘲道出实情，让僵局破冰

有的时候，自嘲又可以把自己的真实处境说出来，让听者更好地了解自己的处境。二战历史上有这样一个故事：

二战期间，处于困境中的英国首相丘吉尔来到美国华盛顿会见罗斯福，请求美国对英国给予物资援助，以便共同抵抗法西斯德国的“铁蹄”。

丘吉尔受到热情的接待，被安排住进白宫。第二天早晨，丘吉尔躺在浴盆里边享受着温水浴边抽着他那特大号的雪茄烟时，门开了，进来的正是美国总统罗斯福。罗斯福看到丘吉尔正在沐浴，觉得非常尴尬。

不想，丘吉尔扔掉烟头，不慌不忙地说道：“总统先生，我这个大英王国的首相在您的面前，可是一点儿也没有隐瞒。”两人都笑了，似乎一切问题也都在这善意的笑声中解决了。此后，谈判进行得异常顺利，英国从美国那里得到了它们想要的援助。

说到这次谈判的成功，应该得益于丘吉尔在浴缸中的那句自嘲。正是那句自嘲，不仅说出了他本人当时的窘境，也道出了当时英国在战争中捉襟见肘的处境。他这样一句善意的自嘲，不仅化解了当时的尴尬，也让美国总统了解了他内心的想法，之后的谈判，自然变得更加容易了。

豁达自信方能化尴尬于无形

在与人交谈中，当我们陷入尴尬的境地时，借助自嘲往往能使我们从个中困境中体面地脱身。自嘲要求我们具备豁达、乐观、超脱的心态和胸怀，同时，那些敢于自嘲的人应是一个内心足够强大而坚定的人。因为，只有内心足够强大的人才敢拿自身的失误、不足甚至生理缺陷来开涮，对丑处、羞处不予遮掩，反而把它放大、夸张，最后巧妙地引申发挥、自圆其说，博得众人一笑。

自信的人不怕他人开无理的玩笑

有时候，让我们陷入难堪是由于自身的原因造成的，例如外貌的缺陷、自身的缺点、言行的失误等等，自信的人能较好地维护自尊，自卑的人则往往陷入难堪。对影响自身形象的种种不足之处大胆而巧妙地加以自嘲，能出人意料地展示我们的自信。

洛伊是20年代到80年代一直活跃在银幕上的美国著名影星。坊间传闻，洛伊在晚年的时候身体日渐发胖。朋友多次邀请她一起去海滨浴场游泳，她都找各种理由婉拒了。在一次记者招待会上，一位娱乐记者偏偏针对这个问题向洛伊求证：“洛伊女士，您是不是因为自己太胖，怕丢丑才拒绝和朋友一起去海滨游泳的？”

洛伊想了一下，直率地回答：“我是因为自己胖才不去游泳的，我怕我们的空军驾驶员在天上看见我，以为他们又发现了一个新古巴。”在场的人听后，发出阵阵欢呼声和笑声，不由得鼓起掌来。

洛伊既没有被记者牵着鼻子走，又用自嘲的方式直率地道出了真相。很好地活跃了会场的气氛，同时还给大家留下了一个自信和亲切的印象。让洛伊豁达的心胸和诙谐的人格魅力深入人心。

聪明的人用自嘲自娱自乐

庸俗的人以取笑别人为乐，在别人尴尬的时候用奚落言语落井下石；聪明的人则取笑自己、抬高别人，大大方方地化尴尬于无形，融洽气氛，增进彼此的了解和情意。自嘲是一种幽默，是一项能力，是内心强大的外在表现。

据说，上海有位大学教授叫姚明晖，他身体瘦弱却总是穿着宽大的袍子。到了冬天天气变冷，姚教授头上戴着大风兜，从远处看去只露出一副眼镜，一个尖尖的鼻子，一撮翘翘的山羊胡须，十分滑稽。

一天上课，姚教授和平时一样的装束，走进教室。只见黑板上不知哪个调皮学生用漫画笔法赫然画了一只人面猫头鹰，而那人面画得活像这位满腹经纶的老教授。姚教授站在黑板前面看了一会儿，脸上毫无愠色。拿起了一支粉笔，一本正经地在漫画旁写道：此乃姚明晖教授之容也。写完之后，大家笑了，姚先生也笑了。那位提心吊胆的漫画作者舒了一口气，对教授产生了一种高山仰止的尊重和敬意。

当姚教授看到黑板上的漫画时，他知道那是学生们的恶作剧，是学生们在笑话他那副尊容，这时他如果冲学生们发火，那么结果只能变得更坏，自己丢的脸更大，所以他不冲学生们发火，而是自己主动指出黑板上画的就是自己。在这种情况下，学生们只顾笑了，而忘记了他丢了脸面，并且此举还会让学生们由衷地赞叹教授博大的胸怀。

世间万事万物都需相互制衡。自嘲更确切地说是实现心态平衡的一剂良方。正是因为如此，我们当受到外界攻击和嘲讽时，才要学会以自嘲的方式，将平衡找回来。当然，要做到这点，我们需要不断提高自身的修养和眼界。

现实生活中，尴尬的情况随时可见，我们唯有让思维变得更加灵活，随机应变，才能借助于自嘲，帮助自己保全颜面，表现自己的机智幽默，从而给他人留下好印象。需要注意的是，自嘲一定要适度，既不要妄自菲薄，也不要自轻自贱。任何情况下，自嘲的目的都是为了让沟通更顺畅，只要把握好尺度，达到目的即可，否则就会导致事与愿违，也会使事情起到相反的效果。

无端争执避为上策，巧妙自嘲更易和解

在生活中，喜欢处处与人争风的人，很容易成为众矢之的，活成别人眼里的跳梁小丑。在职场中，这种不良习惯也会导致与同事间隔阂的产生，没有人愿意和一个喜欢惹是非的人共事。

原本费尽心思在他人眼中树立好形象，一旦不幸染上好与人争执的坏毛病，朋友、同事都将避之不及。真正有大智慧的人懂得圆通的处事之道。在面对无端争执时，避让忍耐是上策，巧言规避更是难得的能力和智慧。

争执将至先自责

俗话说，一句话把人说笑，一句话把人说跳。在家里、在公司、

在外面办事，受到他人指责的情况谁没碰到过？也许对方的指责有道理，也许对方的指责根本就是小题大做甚至无中生有。出于本能的反应，大部分人会立即还嘴反击，结果常常是由小吵演变成大闹，最后落个两不相让又两相伤害。

其实细细想来，指责大多时候仅仅源自一种个人情绪的发泄，如果被指责者不去过多计较，大多时候都可大事化小，小事化了，甚至有时会收获意外的人情回报。人同此心，心同此理，当指责落在我们自己头上时，不妨圆滑应对。

君越是一位商业艺术家，他深知做广告图时，最要紧的是简明正确，有时不免发生些小错。在众多客户当中，有一位广告社王主任，专喜欢在小地方挑毛病，君越经常不愉快地从他的办公室走出来，不是因为他的批评，而是他挑毛病挑的特别外行。

最近君越在百忙中替他赶完一幅画，王主任来电话叫君越去他那儿，到那儿果不出所料，王主任显得非常愤怒，完全是一副要把君越狠批一顿地架势。君越没等对方开口，就说道："王主任，一定是我又犯错了，而且是不可原谅的。我替你画画多年，应该知道如何才是对的，我觉得很惭愧。"

他露出了始料未及的表情，然后为我分辩说："是的，你说得对，不过这并非大错，仅只……"君越马上插嘴说："不论错的大、小，都有很大的关系，会让别人看了不高兴。"

王主任想接着刚才的话说，但君越没给他机会，继续说道："我实在应该小心，你给我的报酬可观，你理应得到满意的东西，所以我很想把这幅画重新画一张。"

"不！不！"王主任赶紧说道："我不打算再麻烦你。"并且夸奖了君越所画的画，说只需稍加修改就可以了，而且这一点小错，不至于使公司受损失，仅是一点小错不必太过虑了。

君越急于批评自己，使王主任的怒气全消。最后邀请君越一起吃点心，在告别之前王主任给君越开了一张支票，并委托君越画另一幅新的广告。

君越承认自己错了，以显示主任的正确，抬高了对方的地位，王主任高兴之余也不会再苛责君越了。实际上，自责也是自我解嘲的一种技巧，既然自己犯了错就一定会招来责备。与其听着别人口无遮拦地责骂自己，还不如先下手为强自我批评一番。这样会让人觉得我们所犯的错实是无心之过，更容易获得对方的谅解。需要引起注意的是，在自责时一定要态度诚恳，否则可能会适得其反。

用自嘲代替争执

众所周知，在社会交往中，谈吐幽默的人相比没有幽默感的人，常常占有优势。风趣幽默的谈话如同润滑剂，可减少社交中的摩擦和困难，化解冲突，消除尴尬，使我们成功地摆脱社交中经常遇到的困境。

在一辆满载的公共汽车上，乘客们像沙丁鱼一样，拥挤在晃晃荡荡的车厢里。由于天气炎热，一个乘客手里正拿冰淇淋吃，只见这个小伙子用嘴一咬，“嗞”的一声，那冰淇淋的汁水喷射出去，正好喷到对面一位小伙子的额头上。一瞬间，许多乘客认为争吵将会马上开始。被溅到额头的那位小伙子的女友，一边用手帕给他擦脸上的冰淇淋，一边用眼睛瞪着那个吃冰淇淋的小伙子。

此时，小伙子却笑着对女友说：“你等一下，等一会儿再擦，他还没有吃完呢，可能还会喷冰淇淋过来的。”他的话既节制，又很幽默，旁边的乘客们都笑出声来。那位惹祸的小伙子也难为情地笑起来，并再三致歉。当这个幽默的小伙子和其女友下车时，乘客们都投去赞赏的目光。

吃冰淇淋的小伙子无意中把冰淇淋汁水溅到别人身上，虽然是无意的，但客观上确实给他人带来了麻烦。如果遭到责备或者谴责，很大可能会引起口舌之争甚至矛盾上升。这个被冰淇淋喷到的小伙子只是说了一句玩笑话，使得原本剑拔弩张的紧张局面得到缓和，表现出很高的人文修养。

用自嘲为生活增添情趣

化解矛盾要善用幽默的话语，结了婚的男女，分别了与往日长期生活在一起的父母或同事、与旧友们也分离开来，住进了精心布置的新家新环境，长时间生活在两个人的世界里。然而，随着时间的推移，夫妻间日常生活习性的差异、兴趣爱好的不同、脾气性格的矛盾便开始逐步出现了，这时便需要用幽默来调整和适应。

妻子对丈夫说：“你经常说梦话，还是去医院检查一下吧。”丈夫笑着说：“还是不用吧，要是治好了这病，我就没有一点说话的机会了。”妻子本是从关心丈夫的角度出发，实实在在劝丈夫看医生，而丈夫装作不懂，把话题引到妻子话多的问题上。

欧洲的一位心理学博士指出：“夫妻在婚后第一年中，两人间的情话与矫情行为，都会比恋爱时下降很多，这一‘冰冻时期’的到来，妻子受的打击较丈夫还要严重些。”如果妻子不能正确对待和认识丈夫的变化，那么，就常会以“无理取闹”来打破沉默僵局，这时，丈夫如不能正确对待和理解，便会回击对方，于是，矛盾就出现了。

我们都知道，说梦话是生理疾病，说话多是心理习惯，丈夫以虚对实的幽默表达着他淡淡的抱怨，妻子能在幽默里领悟丈夫的潜台词，幽默让生活充满情趣。

顾忌他人面子，巧妙应对矛盾窘境

很多时候，人与人之间变得争执不休，局面难以缓和，往往与当事人为了面子争强好胜和较劲心理有关。事实上，人之所以在交际活动中陷入窘境，往往是因为他们在特定的场合中做出了不合时宜或不合情理的举动。

在这种情形下，一个行之有效的方法，便是换个角度或是找个借口，以合情合理的解释来证明这样的举动在当时是合理的、无可厚非的。这种顾忌面子的行为，往往会使尴尬和难堪的局面得到扭转，正常的人际关系也能得以继续下去。

批评要注意时机和场合

我们作为职场人，不论是与人交友、服从上级还是管理下级，都要注意给对方留面子。对于管理者而言，在指出下级的缺点和不足时，要顾及场合，别伤对方的面子

有一个连队配合剧组拍电影，因故少带了一样装备，致使拍摄无法进行。营长火了，当着全连战士的面批评连长说："你是怎么搞的，办事这么毛毛糙糙，要是上战场也能装备不齐？"

连长本来就挺难堪的，可营长偏偏当着自己的部下狠狠批评自

己，心里自然觉得大失面子，于是不由分辩道："我没带是有原因的，你也不能不经过调查就乱批评！"营长一下懵了，不知道平时服服帖帖的连长为什么会突然这么冒失地顶撞他。事后，在与连长谈心交换意见时，连长说："你当着那么多战士的面批评我，我今后还怎么做工作？"

从这个事例中不难发现，假如营长是背后批评，连长不仅不会发火，还会虚心接受批评。营长错就错在说话没有注意时机和场合。

顾忌他人面子最好不动声色

当一个人因能力不足或无心犯错而处于进退维谷时，如果我们袖手旁观，或者怀着幸灾乐祸的心理嘲弄对方，只会招致对方的怨恨。在人与人的交往中，我们要尽量对人宽容忍让，当对方出丑时，要不露声色，设法巧妙地化解窘境。

某公司与一外商洽谈一项业务。当公司经理带着相关人员走进会议室时，外商方面的谈判代表与他的女秘书早已在等候。当彼此握手时，该公司经理发现外商代表的脸颊上有一些墨迹，这显然是一个非常不美观的印迹。

这时，外商的女秘书也发现了自己领导脸上的墨迹，她显得非常焦急，频频向她的领导使眼色，但她的领导对此毫无察觉，并不理会。

该公司经理的下属谈判人员灵机一动，非常抱歉地说："对不起，一份资料落在办公室了，我们现在必须去取一下，请稍候。"说完，该公司的谈判人员全部心领神会地退出了谈判室。

当他们再次进入谈判室时，外商代表脸颊上的墨迹早已消失得无影无踪了。谈判正式开始了，顺利得出乎意料，这也许是那位外商代表的一种回报吧！

不得不说，外商代表之所以在谈判桌上慷慨回报，就在于对手不露声色地给了他一个台阶下，这种礼貌其实就是对他人的一种尊重。

与人方便，与己方便

人在强烈的虚荣心和自尊心的支配下，会很在意自己的社交形象以及外界对自己的评价。我们在与人交往的过程中，充分利用这一心理，便能避免生活中的大矛盾。

妻子小玉过生日，萧纲请小玉到餐馆吃饭，给小玉点了这家的招牌菜——“蚂蚁上树”，这也是小玉最喜欢吃的菜之一。可能是周末人多的缘故，服务员端来的菜里只有粉丝不见肉末。小玉一看心中不悦，便明知故问：“服务员，这道菜叫什么？”服务员仔细一看，不好意思地回答：“蚂蚁上树。”

“怪了，怎么只见树不见蚂蚁？”小玉故意挑衅。面对一声高过一声的质问，服务员十分窘迫。萧纲见状，马上接过话来：“老婆，大概蚂蚁太累了，还没爬上来。服务员，麻烦你跟老板说一声，赶紧给我们换一盘爬得快的蚂蚁。要知道时间就是生命呀。”服务员如释重负，赶紧为他们换了一盘名副其实的“蚂蚁上树”。

萧纲的话幽默风趣而又大度，既缓解了紧张的气氛，又让双方找到了体面下台的契机。妻子听了他的话，也不再怨声载道；服务员呢，则带着感激的心情，想办法补偿过失。这样机智处理问题的人，才是睿智成熟的交际高手。

生活中我们时常会遇到一些难缠的事，当我们在寻求解决之道时，应该学会多站在对方的立场上考虑问题，这样能巧妙提出自己的意见，和平解决问题，同时又能给双方保留可进可退的余地。当我们把尊重的意愿传达给对方时，收获的也必将是来自对方的尊重。

在自己的利益受到侵害时，大多数人都会出于本能的与对方针锋相对地争执不休，这样只会两败俱伤。尊重他人，最能显示出一个人的良好修养。只有襟怀坦荡、心存善念的人，才会时刻牢记与人方便自己方便的道理。

在交际场合，我们时常不得不面对外行讲错话，口误失言，盛怒之时出言不逊等诸如此类的窘境。一般来说，只要这种失误无关大局，正确的做法是，看到对方出丑，最好不露声色。即便事关原则，也不必大加张扬，故意搞得人人皆知，更不要抱着幸灾乐祸的态度，拿他人的失误当作笑谈。得饶人处且饶人，做事不要做得太绝，要知道，善待别人就是在善待自己，给自己和别人留有余地，也给自己和别人一条退路。

职场闲谈讲分寸，巧言巧语添活力

在职场中，闲谈有助于与同事协调情感、增加信任，是在工作中必不可少的技能。如果我们多年在公司打拼，在工作勤奋的情况下仍然不能取得进展，那我们就要反省自己是不是因为缺乏交际的技巧而阻碍了成功的机会。要知道，掌握闲谈的技巧也是人际关系要掌握的一项极其重要的内容。

我们每天在职场中与各式各样的人打交道，也会面临各式各样的突发状况，只有从多方面努力，不断提高我们的素养、沟通能力和应变能力，才能够为自己及他人营造出一种舒适愉悦的工作环境。

闲谈不是搬弄是非

在职场沟通中，说话要有分寸，不能口无遮拦，这一点尤为重要。因为一旦说话失去了分寸，就会在职场中给他人留下不可信任的印象，职场之路自然不会顺遂。

刘希是总经理秘书，经常跟老板出去应酬。有一次，老板在醉酒时不慎将自己小时候偷邻居家衣服的糗事说了出来。刘希觉得很好笑，第二天中午吃饭的时候，就把这件事告诉了在公司和自己关系最好的同事崔阳阳，两个人聊到这件事的时候笑作一团，刘希也没觉得这件事做得有什么不妥。

但是没过多久，老板就找了个借口将刘希调出了总经理秘书室，让她到公司一楼大厅做前台接待的工作。刘希对自己这次离奇的职位调动感到十分纳闷，后来经过多方打听，她得知，原来老板知道自己暴露了他的酒后真言。

要知道公司是工作的地方，即使闲谈也是为了和谐人际关系，让彼此协同合作起来更为默契和顺利。要想管住自己的嘴，最好的方法就是少说话，多做事。搬弄是非永远是职场的大忌。

闲谈中添点幽默的“料”

巧用幽默能够使我们的职场人际关系更加和谐、融洽。幽默总能给人带来欢笑，营造轻松愉悦的氛围，在这样的氛围中，生活的烦恼会消散，人与人之间的冲突会化解，工作的疲惫忘去，甚至仇恨也会淡去。

陈斌是个大胖子，虽然他也偶尔为自己的肥胖烦恼，但是转瞬即过。陈斌为人爽朗，同事们都愿意和他一起工作。一次部门聚餐，同事们无意间聊起现在社会上关于道德绑架，年轻人必须给老年人和孕妇让座的话题，陈斌接过话茬说道："谁都绑架不动我。"个别同事一听陈斌又开始拿自己开涮了，都笑呵呵地等着陈斌往下说。陈斌接着说："我是个比别人亲切三倍的男人。每当我在地铁上让座给别人时，我的一个座位足可以让三个妇女坐下。"同事听后笑得前仰后合。

像陈斌这样幽默的人往往拥有强大的磁场，总能把他人吸引到自己的身边，所以才能在职场中如鱼得水。真正的幽默是善意的，既不回避问题，还把话说得极有分寸，每个人的接受程度不同，能把握好分寸的人才是幽默高手。

闲谈是一种人与人之间交流思想、情感和意见的交际活动。它在人际关系中，有时是润滑剂，使人们消除摩擦，化解矛盾；有时又是黏合剂，使人们互相贴近，彼此了解。正因为如此，我们要懂得利用闲聊的方式沟通心灵，推动工作。

职场闲谈有忌讳

相信很多人都希望自己能成为一个在职场中左右逢源的人，我们也因此希望在与他人闲谈的过程中拉近彼此间的距离。虽然我们常说人与人之间要坦诚相待，毕竟同事间的关系不仅仅是合作，更多的是利益的竞争体，所以我们必须熟知职场生存法则，不断提高自己的职场情商。有一些职场闲谈的忌讳，一定要懂得规避。

1. 尖酸刻薄，喜欢和人抬杠

在闲聊时，有时候难免会跟同事想法不一样，善意的、玩笑式的辩论能够更好地促进相互之间的了解，可以调动谈话双方的情绪，起到调节气氛的效果。但刁钻刻薄、不留余地的争辩只会破坏闲聊的气氛，伤害同事，从而导致彼此不快，慢慢就疏远了。特别在闲聊中一个人已经陷入了四面楚歌的时候，他人一句刻薄刁钻的话，必然会使人际关系恶化甚至破裂。闲谈本就是没什么实质意义的话，就不必在意谁对谁错，更没必要步步紧逼，摆出不争个长短出来不罢休的姿态。

2. 喋喋不休，独占谈话时间

亚历山大·汤姆曾经说过："我们谈话就像是一次宴会，不能吃到很饱才肯离席。"很多人在跟同事闲聊的时候，喜欢一直把自己放在话题中心，喋喋不休地说自己感兴趣的事情，自顾自地满足自己说话、聊天的欲望，滔滔不绝。这固然带给个人一定的快乐和满足，但会惹人厌烦。它带来的人际纠纷会让我们得不偿失。闲聊的时候，一定要注意适当把握自己的话题支配率。与同事聊天，恰当的话题支配率能带来好气氛，而融洽的气氛可以让大家都有一份愉悦的心情。

3. 无事不通，自命不凡

闲聊是一种增进相互了解、促进相互沟通的手段，而不是让我们表现"素质能力"的舞台。老子曾说过："言者不知，知者不言。"意思是讲一个人在与众人闲聊的时候什么都说，实际上却是什么都不懂。我们不能自以为无事不晓而在同事面前吹嘘炫才，这样只会自毁在同事心目中的印象，总是以无事不知，无事不能自居的人是不受他人欢迎的。

4. 逢人诉苦，散播悲观情绪

每个人在自己的一生之中，都会遭遇这样那样的挫折和痛苦，但是每个人在面对困境时应对的方式又各不相同，有人会知难而进，有人则知难而退，还有的人习惯于在朋友或同事面前倾吐辛酸痛苦。但是在跟同事交往的过程中，要是一味地倒苦水，不断以自己的苦难、愁苦为闲聊话题，塑造成悲情的人，那就只会给对方留下没魄力和没能力的印象，慢慢地遭到同事的疏离和轻视。以上的闲聊方式都不招人喜欢，所以要避免。

适度调侃，为平淡生活添点乐趣

美国心理学家保尔·麦基认为：幽默感对于人的社交能力的发展起着举足轻重的作用。语言幽默的人在社交场合往往大受欢迎，不得不承认，最能聚集人脉的人常常是那些言语犀利而幽默的人。会调侃的人懂得如何用笑声缓解人们的不良情绪，如何用诙谐的语言表达人类征服忧患的能力，适度调侃能增进人与人之间的情意。

适度调侃拉近彼此距离

美国一所大学的研究已经证明，在我们的调侃得到他人的笑声时，我们的自我感觉会变得更好，也会更为自信。这也是为什么越幽默的人越自信，而越自信的人越懂得幽默这种良性循环形成的原因。

在非洲的一次首脑会议上，曼德拉出席并领取了“卡马勋章”。接受勋章时，曼德拉发表了精彩的演讲。在开场白中，他幽默地说：“这个讲台是为总统们设立的，我这位退休老人今天上台讲话，抢了总统的镜头，我们的总统姆贝基一定不高兴。”话音刚落，笑声四起。

在笑声过后，曼德拉开始正式发言。讲到一半，他把讲稿的页次弄乱了，不得不翻过来看。这本来是一件有些尴尬的事情，但他却不以为然，一边翻一边脱口而出：“我把讲稿的次序弄乱了，你们要原谅一个老人。不过，我知道在座的一位总统，在一次发言中也把讲稿页次弄乱了，而他却不知道，照样往下念。”这时，整个会场哄堂大笑。

结束讲话前，他又说：“感谢你们把卡马勋章授予我，我现在退休在家，如果哪一天没有钱花了，我就把这个勋章拿到大街上去卖。我肯定在座的某一个人会出高价收购，他就是我们的总统姆贝基。”这时，姆贝基情不自禁地笑出声来，连连拍手鼓掌。会场里掌声一片。

适度调侃拉近了曼德拉和听众之间的心理距离，打消了一位伟人总统的神秘感，也显示出曼德拉高超的智慧和人际沟通能力。

适当调侃活跃气氛

在社交场合，很多高情商的谈话高手总能运用自己的聪明才智，及时而巧妙地化解不怎么愉快的场面，更使那些原本被动的谈话变得别有情趣。调侃无疑是一种情趣，善于调侃的人一定豁达、幽默，雅致且惹人爱。

吴宗宪出席台湾地区某电视台 40 周年台庆晚会时，他的发型颇像“鸟窝”，显得十分突兀。主持人戏谑道：“宪哥好帅啊！鹤立鸡群！”吴宗宪随即用幽默的口气说道：“我以为今天是来参加运动会的。”引来台下观众一阵笑声。他进而自嘲说：“自从我开了LED公司，我是上午当工人，下午当艺人，晚上不是人，每到晚上就累得人不人鬼不鬼了。”博得一片笑声和掌声。

在台上，吴宗宪因为自己的奇异发型遭到了主持人的调侃，他先是以幽默机智应对，说自己原以为是“来参加运动会的”，给自己一身“便装”出席如此重要的场合找到了合情合理的理由。接着，他进一步自嘲“人不人鬼不鬼”，既为自己解了围，又活跃了现场气氛。

自我调侃化解尴尬

在一些交际场合，恰当的调侃可以增添乐趣，融洽气氛，增进彼此的了解和感情。很多时候，我们在面对尴尬时手足无措，我们心慌、出汗，无以应对，但聪明睿智的人多半会用调侃自己的方式将尴尬的处境化解掉。

程序员小林因最近熬夜加班太多，在开会时睡着了，没想到他的鼾声大起，逗得与会者哈哈大笑。他醒来发觉同事都在看着自己笑，经理也不忘添油加醋地说：“小林平时看起来文文弱弱的，没想到打起呼噜来可真不含糊。”同事们一听经理的调侃，又是一阵爆笑，小林立即接茬说：“这可是我们家的家传秘方，最高的水平还没有发挥出来。”经理也忍不住笑了，在大家的哄笑声中会议继续进行。

案例中，经理用调侃缓解了会场气氛，而小林也因为对自己的调侃，巧妙的解了围。在面对日常生活中各种复杂的情况时，如果我们能运用闪烁敏锐的思维和智慧，发挥即兴口才调侃一下，生活将会处处充满趣味。

懂得调侃的人更容易收获快乐

恩格斯曾经这样评价幽默："幽默是具有智慧、教养和道德上优越感的表现。"幽默感是一种高尚的气质，是文明在语言上的体现。懂得调侃的人往往都是热爱生活，笑对人生的人。

陈嘉谟是清朝乾隆年间的举人，他的门生众多，可以称得上是桃李满天下。陈老先生八十多岁时，身体还十分硬朗，并且与结发妻子恩爱如初，每晚同床而眠。

一年新春，许多门生一道前来为恩师拜年，谁知老先生贪睡，门生们来了之后还没有起床。听说客人来了，便匆匆忙忙穿衣上堂，同众门生寒暄叙礼。他见众门生笑个不停，才发现由于着急，误穿了妻子的衣服。陈老先生自己也觉得好笑，便自我解嘲地说：我已经80多岁了，你师母也80岁了，今天我的做法正中了乡间的俗语，二八乱穿衣呀。众门生听了之后，都觉得老头子风趣幽默，大家一笑了之。

用过于严肃的态度面对生活，人生难免太过沉重。如果换一种更加积极的心态，在困境中调侃一下生活，我们就会发现，每天的生活充满希望和快乐。

适当调侃为平淡的生活增添无尽的乐趣，使我们的人际关系得以良性发展。但调侃也不能过度，否则会被人理解为恶意拿人开涮，从而导致误会的产生，那就与我们调侃的目的背道而驰了。因此，调侃要看时间、地点、对象，说话要分轻重，这样才能避免调侃过度而引发不快，真正达到调侃一笑，增添趣味的目的。

MAKE PEOPLE LIKE YOU AS SOON AS YOU OPEN YOUR MOUTH

第八章

一句话化解矛盾，于无形中化解冲突

人生中有坦途，也有暗礁，身为职场人，与正人君子共事，也不免遭遇奸佞小人的算计。在如此复杂的环境之下，如果我们口无遮拦，必定会是非不断，甚至招来祸患。说话有禁忌，管不好自己嘴巴的人，走到哪里都不会受欢迎。许多人做什么事情都不顺，不是因为没有能力，而是输在不会说话上。因此，说话小心一些，为人谨慎一些，是我们应该时刻牢记的职场生存法则。

处事须留余地，责善切戒尽言

古人云："处事须留余地，责善切戒尽言。"在人际交往中，说话不留余地等于自绝后路。不成功，便成仁的单一处事方式很显然不足以应对这个复杂多变的职场社会。因此，与其和他人对抗、和自己较劲，不如转变一下自己的思维逻辑，用更为成熟而内敛的沟通方式与他人相处，也给自己的发展空间创造更多的可能性。

为人极端，难成大事

职场即战场，因为职场中牵扯更多的是利益关系，本就是个是非频生的场所。很多职场人虽然已经将自己身处在这没有硝烟的战争中生存视为常态，依然免不了一肚子委屈无处发泄。所以很多人日渐养成了一种习惯——外表一张温良的脸，内心一张怨妇的嘴。有时候控制不住自己的情绪，以至于酿成大祸。

最近，在公司召开的一次员工大会上，老板表扬了几名三个月都没有迟到的员工，并当着所有员工的面给每位全勤员工发了三百块钱的季度全勤奖。本来就对公司制度怨声载道的徐灿坤把这件事写在了自己的微博上。

在微博里，徐灿坤写道："天天跟狗一样加班，休息日全被占了，拿人当畜生用，三百块钱还不够吃药的！打发要饭的吗？看到老板和获得全勤奖的员工的嘴脸，我恨不得给他们两个嘴巴。"

在微博里，徐灿坤言辞激烈地表达了对"公司要求员工加班"的不满。对于徐灿坤来说，这篇微博不过就是作为一次情绪发泄，可他万万没想到，这篇微博不但被同事们看到了，连老板都一字不落地阅读过了。

从那以后，市场部总监不再将设计任务交给徐灿坤，老板也不再要求他加班了。没过多久，老板就找了个理由将徐灿坤辞退了。

案例中，徐灿坤的处事方式极端且不够成熟，犯了职场中的大忌。为人处世，切不可说极端的话，做极端的事，说话要留有余地，才能保留回旋的空间采取机动的应对和补救措施。

不要做职场中的“挑事精”

职场中，尽心做好自己的本职工作，用余力帮助同事，是很值得提倡的处世之道。但是“多管闲事”并不是每个人都有能力做好的事情。有些人因为对自己的能力认识不足，常常因为偏激的沟通方式跟同事、家人、朋友发生对抗，以至于激化矛盾，烦恼不断。这时候，我们就要考虑自我调整，将刺耳的劝诫转换成善意提醒，效果就会好很多。

王慧如今已在所供职的公司工作五年多了，其间经历过公司大大小小的变动和各种各样的人事，本来应该称得上是名副其实的公司元老，但是因为她过于较真，总是很容易得罪人，多年也没有得到一次晋升机会。

有的同事把茶水倒在纸篓里，弄得一地是水，她会叫他不要这样做；有的同事在办公室里聊天，她会毫不客气的让同事声音小点儿；有的同事没完没了地打电话，她就让对方不要随便浪费公司的资源……她这样做是出于好心，因为如果让经理看见了，不是一顿责骂，就是被扣奖金。

可是，好心没好报，她这样做的后果是把同事们都给得罪了。

每个人都对她一大堆的意见，甚至部门组织一起去郊游也故意不叫她。终于，她实在气不过，向经理反映这些情况，没想到经理态度冷淡，让她自己调整好心态。王慧觉得自己在公司里更加被动了。

王慧的这种为人处世的方式其实在我们生活和工作中很普遍，其实，这是一种即极端又不给自己留后路的行为。在职场中，如果我们总是忍不住对他人的行为挑三拣四，长此以往，被同事孤立也是必然。我们平时工作、生活离不开与人打交道，要想有好人缘，必须要有一颗包容的心，能够用圆通的方式解决就不要针锋相对地挑起事端。

得饶人处且饶人

有人的地方就是江湖，与人相处免不了冲突和争执。当彼此争论已到剑拔弩张的时候，能够适时退让是最优选项。尤其是我们处于占理得势的一方，更应当有“得饶人处且饶人”的风范，俗话说：穷寇勿追。穷追猛打将对方逼入死胡同，只能彼此损耗，让矛盾冲突升级，于人际关系的和谐发展百害而无一利。

一位顾客在商场买了一件外套，五天后却拿着衣服返回商场要求退货。其实，那件衣服她已经穿过一次并且洗过，可她坚持说“绝对没穿过”，态度也很不友善。

售货员检查了那件衣服，发现有明显的干洗过的痕迹。但是，直截了当地向顾客说明这一点，顾客是绝不会轻易承认的，因为她已经说过“绝对没穿过”，而且精心地伪装过。再者，如果直接说破，也会让她感到没有面子，进而引发双方争执。

于是，聪明又善解人意的售货员绕了个弯子，说了段软话，并没有跟顾客正面冲突："这位顾客，我知道您说的是实话，可是有可能是您的家人误把这件衣服送去干洗店洗过，因为这件衣服的确看得出已经被洗过了。不信的话，可以跟店里同款的其他衣服比一比。前几天我家就发生过一件这样的事情。我把一件刚买的衣服和其他衣服堆在一块，结果我老公没注意，把那件新衣服和一堆脏衣服一股脑地塞进了洗衣机。我觉得可能你也会遇到同样的事情。"

顾客看了看证据，知道无可辩驳，而售货员又为她的错误准备了借口，给了她一个台阶下，于是，她顺水推舟，收起衣服走了。

说话要讲究语言艺术，力求在无损于双方面子和尊严的情况下达成妥协。案例中，售货员用自己恰当的方式完美地解决了争端，不可为不高明。

"物极必反，否极泰来"，这句话的意思是说，行不可至极处，至极则无路可续行；言不可称绝对，称绝对则无理可续言。如果与人交往中出现意见分歧，切不可轻易口出狂言，以便他日需要携手合作时还有回旋的余地。尤其应该注意的是，对任何人事不要太早的"盖棺定论"，任何时候，不留余地地说话都是在伤人害己。

在做事方面，对别人的请托应尽量避免使用过于绝对化的字眼，应代以"我尽量"或"我试试看"等话语。对上级交办的事即便有十足的把握，也不要把"保证没问题"说出口，用"应该没问题，我全力以赴"来回答更为妥帖。毕竟天有不测风云，这是为万一自己做不到所留的后路。避免使用过于绝对的字眼事实上也无损我们的诚意，反而更能显示出我们做事谨慎，为人内敛的一面，这样也更容易获得他人的信赖。即使最后事情没有圆满完成，也不会留下让人指责的话柄。

控制自己的情绪，避免正面冲突

如果说喜怒形于色的人还可以被说成真性情，情绪化在职场中绝对算不得是一个好的品质。情绪化是一个人不够成熟的表现，因为情绪难以自控，很容易被人操控，成为众矢之的，成年人的情绪化往往令人生厌。成熟的职场人能够驾驭自己的情绪，不论面对他人的尴尬，还是自己身陷尴尬，都能应对自如。

控制情绪才能控制人生

在工作或生活中，我们总是很容易发现有些人比较容易情绪失控，他们往往会因为别人一时的口不择言或一些无知的行为，甚至是一些无伤大雅的小事情而暴跳如雷。实际上，愤怒往往会使局面变得更糟。

在20世纪60年代的美国，参加美国中西部某州的议会议员竞选的两人之中，有一人在政界颇有威望，加之个人能力出众、履历丰富，外界一致认为此人是赢得选举胜利的不二人选。但是，在选举白热化的中后期，有一个谣言散布开来：三四年前，在该州首府举行的一次教育大会中，他跟一位年轻女教师关系暧昧，这无疑会对选举结果造成很大的负面影响。

事实上，这是对手为了赢得竞选而散布的弥天大谎，显然这位候选人对此感到非常愤怒，并尽力想要为自己辩解。由于按捺不住对这一恶毒谣言的怒火，在以后的每一次集会中，他都要站起来极力澄清事实，证明自己的清白。当时的信息传播并不像今天这样迅速，大部分选民根本没有听到过这个传闻，反倒是这位候选人不停地解释，让越来越多的公众对这件事越来越关注。甚至有选民振振有词地反问："如果他真是无辜的，他为什么要百般为自己狡辩呢？"最悲哀的是，连他的太太也开始相信谣言，夫妻之间的亲密关系被破坏殆尽。最后他竞选失败，从此一蹶不振。

在人际交往中，尤其是面对人生重要的转折时，如果我们在遭遇他人恶意的指控、陷害和难以忍受的恶语中伤时，不能保持冷静，轻易被外界激怒，只能像上面故事中的候选人一样，把事情搞得更糟。

避重就轻，轻松解围

尴尬的事情常常发生在令人始料不及的时候，如果这时我们不注意控制情绪，往往会出于本能的说出一些应急的话，反而会令原本还有补救可能的场面陷入僵局，在我们没有想到更为妥帖的解围办法时，不妨佯装不明状况，采用避重就轻的处理方法，轻松解围。

刘峥嵘是一名毕业不久的师范生，作为新老师第一次上讲台讲课时，安静的课堂让刘峥嵘有些紧张。她简单和学生寒暄后，转身在黑板上写下几个字，突然一个学生用全班都能听到的声音说："新老师的字比我们李老师的字好看多了！"课堂上一阵骚动，有的学生窃窃私语，有的学生瞟着坐在最后一排听课的李老师窃笑，李老师瞪了学生一眼，碍于新老师的第一堂课也不便发作。

对刘峥嵘来说，初上岗位就碰到这般让人难堪的场面，的确令人头疼。不过，刘峥嵘装作没有听到，继续板书，头也不回地说："带着问题在课文中寻找答案，找到答案举手发言。"此语一出，议论纷纷的学生瞬间安静了下来，李老师顿时轻松多了，尴尬局面也随之消除。

正如卡耐基所说："往往有这样的人，他们知道别人出了洋相，就主动地去安慰人家，还自以为别人会非常喜欢这种方式，会用感激的目光看着他。其实，别人最希望的，就是你假装不知道他出了洋相，没有嘲讽，也没有安慰。"刘峥嵘巧妙地运用了避重就轻的技巧，假装没有听到学生的褒此贬彼，巧借"举手发言"回应了那位学生的褒奖，同时也化解了李老师的尴尬。

控制情绪，避免冲突

情商高的人通常都很少生气，因为他们明白"放下即自在"的道理，因为对自己了解，所以对待外界的评价，不论是赞扬，抑或贬低，并不会动摇他们的世界，而情商低的人则相反。他们很容易因为别人的一句话，就情绪失控。不得不说，随着生活节奏加快，人们的压力也越来越大，缺乏耐心的暴戾之人也越来越多。越是在这样的情况下，我们越应该谨言慎行，千万不要为了图一时的口舌之快，最终酿成大祸。

富弼，字彦同，时任北宋仁宗时期宰相。因为大度，上至仁宗，下至文武官员都称富弼品行优良。富弼年轻的时候，因聪明伶俐，巧舌如簧，常常在无意之间得罪一些人，事后，他自己也深为不安。经过长时期的自省，他的性格逐渐变得宽厚谦和。所以当有人告诉他某某在说你的坏话时，他总是笑着回答："你听错了吧，他怎么会随便说我呢？"

一次，一个秀才想当众羞辱富弼，便在街心拦住他道："听说你博学多识，我想请教你一个问题。”富弼知道来者不善，但也不能不理会，只好应允。众人见富才子被人拦在街上，都涌过来看热闹。

秀才问富弼：“请问，欲正其心必先诚其意，所谓诚意即毋自欺也，是即为是，非即为非。如果有人骂你，你会怎样？”富弼想了想，答道：“我会装作没有听见。”

秀才哈哈笑道：“竟然有人说你熟读四书，通晓五经，原来纯属虚妄，富彦同不过如此啊！”说完，大笑而去。富弼的仆人埋怨主人道：“您真是难以理解，这么简单的问题我都可以对上，怎么您却装作不知呢？”

富弼说道：“此人乃轻狂之士，若与他以理辩论，必会言辞激烈，气氛紧张，无论谁把谁驳得哑口无言，都是口服心不服。书生心胸狭窄，必会记仇，这是徒劳无益的事，又何必争呢？”仆人却始终不理解自己的主人为何如此胆小怕事。

几天后，那位秀才在街上又遇见了富弼，富弼主动上前打招呼。秀才不理，扭头而去；走了不远，又回头看着富弼大声讥讽道：“富彦同乃一乌龟耳！”有人告诉富弼那个秀才在骂他。“是骂别人吧！”富弼佯装不知回答道。“他指名道姓骂你，怎么会是骂别人呢？”那个人不甘心地说。“天下难道就没有同名同姓之人吗？”富弼边说边走，丝毫不理会秀才的辱骂。秀才见无趣，低着头走开了。

有人的地方，就有矛盾和冲突。但是，大度待人对社会交际的顺利进行有着十分重要的作用。说到底，生气其实是在用别人的错误来惩罚自己。以宽厚的气量容纳他人，也是在善待自己。控制好自己的情绪，矛盾和问题都会迎刃而解。

大智若愚，不计较一时的得失

大智若愚的人深谙“福兮祸之所伏，祸兮福之所倚”的道理，纵观人类历史，人的烦恼都蕴藏在得与失的矛盾间。任何事情都有两面性，一定程度上，我们可以把得与失看作一件事情。天下之事，有失必有得，有得必有失，所以，智者往往能够韬光养晦，不计较一时的得失。

不与他人争口头上的胜负

红顶商人胡雪岩说过这样的话：“如果你拥有一县的眼光，那你可以做一县的生意；如果你拥有一省的眼光，那么你可以做一省的生意；如果你拥有天下的眼光，那么你可以做天下的生意。”一个真正有成就的人一定是高瞻远瞩、目光长远的人，而不会计较一时的痛快、更不会争口头上的胜负。

李剑在一家公司干了三年，逐渐从一般的技术人员做到了一个小工头，有望升到主管的位置，然而一件事却使得他的升迁之路被彻底地堵死了。

那是一个周五，李剑正在对公司模具部门的工模进行盘点，作为主要负责人的他对盘点事项做了详细的安排，一切安排妥当之后，工人们开始在闷热的车间里有条不紊地进行着各项工作。不知什么时候，上司进了车间，让工人们停下手里的活，并指出工人们出活儿率太低，要求按照上司的方法加快速度。李剑向上司解释了操作流程并且说明这是他多年来的经验积累，工人们已经熟悉了这种工作方法，而且工作进行得有条不紊。

李剑还对上司说，你的指示虽好，但用于模具盘点不合适。上司听了这话，立即阴沉了脸，用生硬的口气命令，必须按他说的要求去做。但是李剑觉得他的指示里含有明显的漏洞，于是据理力争，接下来双方理所当然地发生了激烈的争吵，最终上司暴跳如雷，李剑也气得脸色铁青。最后李剑甩下话说："既然你那么坚持，那你就让他们按你说的去做吧，出了什么问题我可不管。"说完他就离开了车间。事后李剑手下的工人们还是遵循了他的方法，上司的提议在实际工作中确实行不通。

之后李剑慢慢地把这件事淡忘了，但是加薪或晋升的机会一次次与李剑擦身而过。他和上司偶尔见面的时候，上司有时候会对他轻轻地笑一笑，意味深长的眼光，即使是直肠子的李剑也醒悟到了一些东西。他终于明白，其实这件事情还没有过去，至少对上司而言是如此。最终李剑选择了离开。

一时吃亏并不能决定一件事的成败，尤其不要计较口头上的胜负，学会从容退让，暂时忍辱受屈，暗地里默默积蓄力量，等待转败为胜的时机。一时的容忍绝非是对命运的屈服，也不是卑躬屈膝，而是对未来的铺垫和积累，为成功做的一次投资，是为人处世的一种柔软、一种权变，也是一种高明的生存智慧。

吃亏是种长远的投资

中国文化讲究"吃亏是福"，这个观点被很多年轻人所诟病。因为"吃亏是福"说起来容易，由于人的劣根性，大部分人很难接受自己吃亏的事实。所以，与其说吃亏是福，不如说吃亏是一种需要靠诚意和耐心支撑的投资。

程磊就职于一家互联网公司，原本他在一家名不见经传的创业公司工作，主要是承接一些大客户外包的业务。有家大公司要完成一个项目，其中有个环节耗时耗力，于是就外包给程磊所在的小公司。

在经理的安排下，程磊和其他两个伙伴成立的三人项目组被派往甲方公司。坦白地讲，这不是个轻松的活儿，程磊的收入并不高，而且大公司的要求又很严格。每当出现小问题的时候，都是程磊跑在前面替客户解决问题。最让人感到辛苦的是，大公司的项目负责人通过一个聊天的机会，对程磊三人旁敲侧击地说明，希望三个人的手机能随时处在开机的状态，因为工作烦琐，在出问题的时候能够找到程磊方公司的人。

其他两个人听出了这个意思后，马上沉下了脸，而且每次一到下班时间，就故意把手机调成飞行模式，生怕接到甲方公司的电话。程磊是个很忠厚的人，他也明白下了班自己没有义务再做多余的工作。可是有一天下班后，他看到来电显示是公司的时候，还是接听了电话。听说有问题的时候，他赶了过去，其他两个搭档因为电话打不通，自然没有过来，于是程磊就只能一个人熬了一晚，及时解决了问题。

这让大公司的项目负责人非常满意，在解决完问题之后，要给程磊一笔感谢费。程磊克制了内心小小的欲望，没有收这笔钱。辛辛苦苦地把这个项目做完，程磊和两个同事回到了自己的公司。突然有一天，程磊接到了大公司项目负责人的电话，因为程磊给对方留下了非常可靠的印象，从商业操作的角度来说，大公司的高层商议决定，与其花费大量资金外包这部分业务给其他公司，不如在自己公司成立这样一个小部门专门做这件事。成立这个部门就需要一个可靠的人来负责，那个项目负责人第一个想到的就是程磊。

后来，程磊顺利办理了离职手续，项目负责人留给他的位置是一个部门的管理者，工资收入也比在以前的公司提高了两倍。

看得远才能走得远。案例中的程磊就是不计较一时的得失，才得到入职大公司管理岗位的机会。高瞻远瞩要求我们既要舍得自我，不怕吃苦，又要看清方向，吃对苦。

古人云：识时务者为俊杰。识时务者，识荣辱、知进退也。识时务者，知道什么是好的，什么是坏的，知道什么时候进，什么时候退，绝不会去拿鸡蛋碰石头。他们懂得刚柔并济，在自己处于劣势的时候，退一步，保存实力，以待来时。

俗话说：多个朋友多条路，多个敌人多堵墙。为了使人生之路越走越宽广，我们理应广结朋友，尽可能避免四处树敌。当我们遇到他人的恶语攻击或者言语挑衅时，与其出言与对方恶语纠缠，不如回避与他人之间的矛盾，在对方不知不觉中转移话题，这样才能既保全双方的颜面，又能减少不必要的冲突，正所谓一举两得。与此相对，倘若我们纠缠话题与对方不停地辩论，则只会让双方陷入僵局，也会于无形中得罪他人，给自己树立强敌。

装糊涂是最有力的回击

在一些特殊场合，我们常常会碰到一些意想不到的事情，如果处理不好，这些意外会使人尴尬万分。我们遇到这类情况时，要想化解难堪，不妨假装糊涂，幽默应变。

普希金年轻时经常参加贵族们在家里举办的沙龙。不过，那时候的他还不是很有名气。有一次，在彼得堡一个公爵家里举办的舞会上，他邀请一位年轻漂亮的贵族小姐跳舞。这位小姐十分傲慢地说："我不喜欢两个人一起跳舞。"普希金微笑着说："对不起，亲爱的小姐，我不知道你怀着孩子。"说完，很有礼貌地鞠了一躬。

普希金用假装糊涂的办法巧妙地回击了贵族小姐的无礼，使自己体面地缓解了尴尬。缺乏幽默感很多时候是因为我们已经习惯于直截了当地就事论事。而实际上，如果在出现问题时直接向他人道歉或对他人进行反驳，只会使自己更加难堪，适当地装装糊涂，幽默一下，反而能够巧妙地解决问题。假装糊涂的妙处在于对真、假、虚、实的灵活运用，有时候尽管自己很清醒，还是装作糊涂来迷惑对方，就能巧妙地试探出对方的真正意图。

面对他人挑衅，巧妙转移话题

人在社会上，往往因为各种各样的原因，导致自己无法畅所欲言地发泄心中的情绪。在这种情况下，倘若为了一时的痛快而树立敌人，也许得不偿失，最聪明的做法就是在无关紧要的情况下，巧妙地转移话题，从而使他人的注意力从我们身上移开。

王慧晖休完婚假，穿着婆婆给买的大红貂绒大衣去上班，大衣看起来质地很好。王慧晖刚刚到公司，办公室里的好几个女同事都围上来，你一言我一语，都在夸赞她的大衣好看，新婚气色好之类。这时，刘雅静突然走进来，冷眼看着王慧晖的衣服，说："大衣的确不错，不过你不觉得只有五六十岁的大妈才穿貂绒大衣吗？”

刘雅静平日里在办公室一向剑拔弩张，和谁也相处不来，又因为公司总经理是她舅舅，所以大家都给她三分面子，她也就越来越得寸进尺，从来不把任何同事看在眼里。听到刘雅静这么说，王慧晖心中虽然不悦，但是她转念一想，穿衣服是给自己看的，自己喜欢就行，管别人说什么。所以，她笑着说：“哎哟雅静，你的这条项链真漂亮，款式新颖别致，是在哪里买的呀？”听到王慧晖赞美自己的项链，刘雅静也不好继续故意刁难了，只是敷衍着说：“我男朋友去美国出差带回来的，你喜欢的话，下次也给你带一条啊？”

“那可太谢谢了，我们这些人都没有机会走出国门看一看，看到你这条项链真觉得稀罕和喜欢呢！不过，就怕太贵了我买不起。”王慧晖顺势说道，也恭维了刘雅静。就这样，一个原本令人不愉快的话题被王慧晖转移于无形。

面对刘雅静的恶意挑衅，王慧晖巧妙地偷梁换柱，转移话题，从而把话题顺利地转移到刘雅静的身上。刘雅静见对方非但没有与她斤斤计较，反而给予她慷慨的赞美，又如何好意思继续刁难王慧晖叫板呢？

当然，我们提倡应秉持与人为善之心，不能怯懦。如果别人太过肆意妄为，我们还一味地忍辱负重，这就不再是友好，而是无能。我们必须区分友好与无能之间的关系，让自己成为一个明辨是非、敢做敢当的人。

以子之矛 攻子之盾

生活中，我们每个人都会遇到不怀好意、居心叵测的人。当我们被他人抓住小辫子肆意攻击时，与其为自己辩解，不如顺势而下，接受和认可事实，然后再把攻击巧妙地转移到对方身上，使得对方虽然受到伤害，却因为这场纷争最早是由对方发起的，因而无计可施，有口难言。

中华人民共和国成立之后，积贫积弱，国家人口多，底子薄，因而急需发展。为此，很多西方国家对中国虎视眈眈，甚至还有很多西方国家的记者也寻机挑衅。有一次，一位西方记者在采访周恩来时，不怀好意地问："请问，贵国的银行里储备了多少资金？"

周恩来神思敏捷，当然知道记者是在故意挑衅，因而佯装没有领会其真实意图，坦然回答："中国人民银行的货币资金很清楚啊，有十八元八角八分。"听到周恩来的回答，在场的人全都呆住了：即使当时国力弱，也不可能只有这么一点儿资金啊！周恩来看到大家疑惑不解的样子，谈笑风生地说："中国人民银行发行的货币，分别为十元、五元、两元、一元、五角、两角、一角、五分、二分、一分，加起来的话，不就是十八元八角八分吗？"至此，众人恍然大悟，不由得为周恩来的机智拍手叫好，赞叹不已。

还有一次，一位美国记者特意采访周恩来。当时，这位美国记者无意间看到周恩来的桌子上放着一支产自美国的派克钢笔，因而嘲讽地问："尊敬的总理阁下，你们中国可是泱泱大国啊，你们中国人也是堂堂正正的，为什么要用美国的钢笔呢？"

周恩来不假思索、面带微笑地回答道："这支钢笔可是有历史的。当时，我接受一位朝鲜朋友的馈赠，他还告诉我说这是他在抗美战争中的战利品，意义深远，因而坚持要我接受。我当然不能无功受禄，但是这位朋友偏偏让我留作纪念，以此感谢中国的抗美援朝。正因为如此，你现在才能看到这支钢笔啊！"听了周恩来的巧妙回答，美国记者的脸上红一阵白一阵，无言以对。

西方记者原本想通过提问中国银行的储备资金来让周恩来出丑，但是不想周恩来思维敏捷，马上就以故意曲解的方式回答问题，不但避免了自己的尴尬，而且让西方记者丝毫抓不到把柄，还博得了在场所有人的钦佩和赞叹。

面对派克钢笔风波，周恩来更是面不改色，而且还以抗美援朝为话题，让美国记者很难堪，最终“哑巴吃黄连，有苦说不出”。周恩来总是能够运用各种各样的技巧击退那些对中国不怀好意之人的恶意挑衅。故意曲解对方的意思，扭转局势，让对方觉得尴尬和难堪，无疑是非常成功的交际技巧。

学会自圆其说，失言及时补救

在人际交往中，发生口误导致失言，这是让人感到尴尬的事。有时候会因一时口误而触犯对方的忌讳，让谈话双方处于尴尬的境地。尤其是在正式的交际场合，由于失言造成的冷场或多或少会带来人际交往的负面影响，如果补救不及时，可能会陷入被动局面。

学会如何自圆其说让自己和他人同时摆脱尴尬，不仅需要临危不乱的心理素质，更需要机智高超的说话技巧。这是有一定难度的，但只要积累经验，掌握一定的谈话技巧，失言补救及时反而会带来意想不到的效果。

发现失言，及时改口

当我们意识到自己失言，最为直接的办法就是先道歉，再及时改口。这种方法只适用于无伤大雅的口误，并且自己能快速反应，及时改口，一带而过。

一次，美国总统里根访问巴西，由于旅途疲乏年岁又大，在欢迎宴会上，他不由得脱口说道："女士们，先生们！今天，我为能访问玻利维亚人民而感到非常高兴。"有人低声提醒他说溜了嘴，里根忙改口道："很抱歉，我们不久前访问过玻利维亚。"尽管当时他并未去过玻国，可是，当那些个不明就里的人还来不及反应，他的口误已经淹没在那滔滔的大论之中了。

里根及时道歉并改口在一定程度上挽回了因口误引发的不利局面，不失为补救的有效手段。只是，这里需要注意的是口误发现及时、改口巧妙的语言技巧，否则要想如此轻松化解尴尬也并非易事。

与其自乱阵脚，不如将错就错

这种方法是指，在错话出口之后，能巧妙地将错话续接下去，最后达到纠错的目的。将错就错的高妙之处在于，失言说出口，说话人巧妙地将错话接下去。既能够不动声色地改变说话的情境，又使听者不由自主地转移原先的思路，不自觉地顺着谈话者的思维去交流。

某次婚宴上，来宾济济，大家争着向新人祝福。刘磊作为重要的被邀来宾，端起酒杯动情地说道："走过了恋爱的季节，就步入了婚姻的漫漫旅途。感情的世界时常需要润滑。你们现在就好比是一对旧机器……"其实刘磊本想说"新机器"，却脱口失言，来宾面面相觑，不明所以。一对新人面露愠色，因为他们都各自离异，历尽波折才成眷属，自然以为刚才之语隐含着讥讽。刘磊意识到了自己的失言，马上镇定下来，略一思索，不慌不忙地补充一句："已经过了磨合期。”此言一出，举座称妙。刘磊继而又深情地说道：“新郎新娘，祝愿你们永远沐浴在爱的春风里。”大厅内掌声雷动。

刘磊临危不乱，将错就错地挽回了面临失控的场面。当他意识到错话出口，索性顺着错处续接下去，反倒可以巧妙地改换了语境，使原本令人尴尬的失言化作了深情的祝福，同时又道出了新人情感历程的曲折与相知的深厚，颇具点石成金之妙。

既然补救来不及，索性借题发挥

我们在社交场合中，特别是处境尴尬时，借题发挥的应变技巧往往比一味解释更具有奇妙的作用，它是机智应变的重要内容之一。借什么样的“题”，如何发挥，这是关键之所在。很显然，借题发挥并不是不动声色地续接错处，而是有意渲染和凸显错处，借机大做文章，为自己的错话寻找最佳的解释。

清代大才子纪晓岚才华横溢，深得乾隆皇帝喜爱。因此，纪晓岚也在乾隆面前无所顾忌，经常口出“狂言”。

有一次，乾隆带着几个随从突然来到军机处。此时的纪晓岚正光着膀子和几个办事人员闲聊。其他人老远就看见皇帝上来了，连忙起身迎上前去接驾。纪晓岚是高度近视，刚开始没看见走在最后面的乾隆，等他明白怎么回事的时候，乾隆已经到了。

纪晓岚心想，就这样光着膀子接驾，岂不是冒犯龙颜？干脆一不做二不休，趁着别人不注意钻到桌子底下躲了起来。这一切，早被乾隆看了个真真切切，他心中一阵好笑，有心想“整整”纪晓岚。

乾隆在椅子上坐定，示意其他人都不许出声，很长时间过去了，纪晓岚在桌子底下早就待不住了，心中纳闷：怎么进来之后就没动静了？这么长时间了，早该走了，该不是已经走了吧，想到这里纪晓岚压低了嗓门，喊道："喂，有人吗？老头子走了吗？"

满屋子的人都听到了，忍不住都想乐。听到纪晓岚喊"老头子"，心想这一下可有好戏看了。乾隆也听得真真切切，板起脸，厉声喝道："纪晓岚，出来吧！"纪晓岚一听是乾隆的声音，心想：完了，完了，这回可完了。只好无可奈何地从桌子下钻出来见驾。

乾隆看到纪晓岚光着膀子，满身大汗，惊慌失措的样子，心里一阵好笑：人称大清第一才子的纪晓岚居然这般模样。于是故意装作生气的样子，大声喝道："大胆纪晓岚，你不见驾也就罢了，居然还敢说朕是'老头子'。今天你要是讲不清楚，朕要了你的脑袋。"

这时，纪晓岚反倒镇静了许多，一边擦汗，一边苦思对策。忽然他灵机一动，不紧不慢地说道："万岁爷请息怒，刚才奴才称您为'老头子'，只是出于对您老人家的尊敬，别无他意。"

乾隆一听更来气了："尊敬？好，你给朕说说这是怎么个尊敬法。"纪晓岚慢慢地说道："先说这'老'字，天下臣民每天皆呼皇上万岁、万岁、万万岁，您说这万岁、万万岁算不算'老'啊？"

乾隆没作声，只是点点头。纪晓岚见乾隆有所应允，接着说："再说这'头'字，家有千口，主事一人，如今皇上便是我大清国的主事之人，是天下万民之首，'首'者'头'也。故此称您为'头'。"乾隆边听边眯着眼睛笑，心里很是满意。

"至于这'子'嘛，意义更为明显。皇上您贵为天子，乃紫微星下凡。紫微星，天之子也，因此您为'子'。这便是我称您老人家为'老头子'的原因。"纪晓岚说完轻轻舒了口气。乾隆听完拊掌大笑："好一个'老头子'，纪晓岚你果然是个才子。"

在这个故事里纪晓岚的将错就错使皇上龙颜大悦，也巧妙地解救了自己。掌握神奇灵活的语言应变技巧，发现口误及时补救，无论是在社会交往还是在商业谈判、发表演说等沟通上，都具有重要的作用。

与其强行争辩，不如真诚道歉

美国心理医生哈丽特·勒娜博士曾在其书中写道："对不起"是人类语言中最有治愈力量的话语。当我们发自肺腑地做出道歉时，这三个字能有效缓解我们对他人造成的伤害。道歉可以让受到伤害的一方摆脱心魔，远离愤怒和痛苦的困扰。这样做相当于我们体会到了对方的感受，愿意对自己的语言和行动承担全部责任。真诚的道歉可以给对方缓和情绪的空间，从而为化解伤痛创造机会。

为错误做出道歉对我们自己来说也是一种解脱。一个人的自尊感和成熟程度取决于能否客观地看待自己，能否意识到个人行为对他人造成的影响，以及在犯错时能否发现对别人带来的伤害。尽管很多时候我们总是担心道歉会适得其反，但是真诚的道歉确实能为我们赢得对方的尊重。

真诚道歉是人格的完善

真诚地道歉，是利人益己的鞠躬，是诚恳的悔悟，并非妄自菲薄；是人格的完善，而不是卑躬屈膝；是性格的成熟，而不是丧失尊严。

在葛底斯堡战败之后，罗伯特·E．李告诉他的残兵败将，没有取得胜利完全是他的责任。温斯顿·丘吉尔对亨利·杜鲁门的第一印象十分不好，后来他告诉杜鲁门，自己曾一度严重地低估了他，很显然这是一句用高明的恭维话表达的歉意。

说“对不起”，也就是向对方道歉，它能够挽救危机，除窘迫、出困境、愈裂痕、和解受损的关系。它可以巩固友谊，推进新的人际关系的发展，使双方会更加珍惜经过波折而重归于好的感情。道歉，在低头鞠躬的同时，是自己将自己在人生的台阶上又提高了一步。

缺乏诚意的道歉注定失败

真诚的道歉可以治愈精神伤痛，缺乏诚意的道歉则适得其反，会让人际关系变得急转直下。下面就是一个很好的例子：

来自得克萨斯州的朱莉今年三十四岁，她和妹妹玛丽塔几乎一年没说过话了。她很担心这种情况会继续下去，因为亲人反目成仇的情况在这个家族并不罕见，她很清楚因此造成的代价有多大。

对于事情的经过，朱莉是这样描述的：去年在为母亲举行葬礼的那天晚上，朱莉喝了很多酒，对玛丽塔说了不中听的话。她的这番怒火，一方面源自母亲去世造成的内心伤痛，另一方面是对妹妹的迁怒，因为玛丽塔生活在远离得克萨斯州千里之外的另一个城市，几乎从未尽过照顾母亲的义务。

那天晚上，朱莉指责妹妹不尽孝道，只顾着分财产。第二天酒醒后，朱莉感觉非常惭愧，但是没有勇气向玛丽塔道歉。对于自己的行为，朱莉只对妹妹说了一句：“昨天晚上我喝多了。”

玛丽塔回家之后，不再和朱莉联系了。尽管后来朱莉曾很多次道歉，但玛丽塔一次也没有做出回应。面对玛丽塔的冷淡反应，朱莉反过来觉得自己成了受害者，开始埋怨妹妹不近人情，不肯原谅自己。

朱莉之所以没有得到妹妹玛丽塔的原谅是因为，第一，在羞辱妹妹之后，朱莉并没有在第一时间做出道歉；第二，后来朱莉所做的道歉都是空洞的，丝毫没有表示出要对自己的错误指责承担责任。所以，要想修复人际关系，道歉要及时并真诚。

与人交往难免疏漏，推托之辞往往给人留下推卸责任的印象，越是极力解释，反而越会激怒对方，使得双发在暴怒之下更容易陷入无休止的口舌之争。从这个角度来说，勇于承认错误和勇敢承担责任的人，反而容易得到他人的理解和体谅。

胡甜中专毕业后，应聘进入一家大型卖场当销售员，主要负责女装销售。这天中午，胡甜趁着人少正在整理货架上的衣服，突然有一位顾客拿着一件衣服走进来，怒气冲冲地说："看看，这就是你们昨天中午卖给我的衣服，口袋里居然有一张购物小票。你们就是这样拿别人穿过的衣服以旧当新，来欺骗顾客的吗？"胡甜莫名其妙地遭遇顾客一顿抢白，不由得委屈万分。

经过检查，她发现这衣服的确是她们店里昨天卖出去的，因而她耐心地向顾客解释："实在对不起您，我保证这肯定不是穿过的衣服，也许是哪位顾客在试穿的时候随手放进去的。"顾客听到胡甜的解释，更加生气了，说："说不定就是你拿了店里的衣服穿，放进去的呢！你还挺会狡辩的！"胡甜的眼泪涌了出来，恨不得马上证实自己的清白，磕磕巴巴地说："您……您……您怎么能这么说呢！""就你这解决问题的态度，你还想让我怎么对你呢！"顾客简直火冒三丈。

这时，卖场的主管从外面吃午饭回来，简单了解了缘由，安抚顾客道："实在对不起，这是我们的疏忽，给您添麻烦了。您看这样好不好，我马上给您从仓库里调取一件全新的衣服。您一定是从单位过来的吧？您来回打车的钱我们给您报销，如何？"看到主管的态度这么友善，也是非常积极地解决问题，顾客的情绪才稍微平静些，说："看你说话还算中听，刚才那个小姑娘可真是睁着眼睛说瞎话。报销车费就算了，我也不是来刁难你们的，你就给我换一件全新的吧！"就这样，主管轻而易举地解决了问题。

胡甜对于顾客的质疑，先是急着撇清自身的责任，所以才会惹得顾客火冒三丈。主管的态度则恰恰相反，不管因为什么问题，既然顾客找上门来交涉售后问题，主管便首先把责任承担下来，表现出自己解决问题的诚意和态度，从而帮助顾客平复情绪，最终才得到了顾客的谅解和宽容，也使得问题迎刃而解。

真诚的道歉还有利于人际关系的维护。两个人吵得再厉害，打得再凶，只要善于道歉，就不怕人际关系会无法挽回。因此，我们必须有能力反思自己的行为，善于聆听对方的感受，并愿意尽最大努力去改变错误，只有这样才能巩固周围的人际关系。

适时运用模糊语言，杜绝尖锐刻薄之言

模糊语言是运用不确定的或不精确的话与他人沟通，以达到委婉拒绝他人或委婉道出实情的目的。其作用和特点是多方面的，不可轻视。在一些特殊场合人们常常不使用精确语言来表明自己的态

度，这时就需要使用模糊语言。模糊语言的功效在于，既给对方留下一点希望之光，不至于令其太失望或太难堪，也给彼此的关系留有足够的回旋余地。

模糊应答，化解尴尬

当他人提出一些侵犯隐私的问题，而你不想或不能做出明确的回答时，应避开问题的核心，而是侧重联想，不给对方有关问题的对口信息，将话题转向与问题没有直接关联的其他事情上，即不动声色，转移话题。

一位记者曾向扎伊尔总统蒙博托说："你很富有，据说你的财产达三十亿美元！"这一问题是针对蒙博托本人政治上是否廉洁而来的，对于蒙博托来说，这是一个极为严肃、生死攸关的问题。谁知蒙博托听后哈哈大笑，反问道："一位比利时议员说我有六十亿美元，你听到过吗？"

在这里，蒙博托没有就他是否有三十亿美元一事作正面回答，而是举了一个显然是虚构的例子反问记者，算作回答，又非回答，一个实质性问题就这样被虚化了。

模糊语言不是表述不清

"模糊语言"是不是同"说话要清晰准确"的要求自相矛盾呢？其实不然。这里讲的模糊语言是交谈中的一种策略，前提是交谈者并不是表述不清，而是为了某种需要和不便，人为地制造模糊。

著名足球运动员马拉多纳在与英格兰球队比赛时，踢进了一颗争议的"问题球"。当记者问马拉多纳，那个球到底是头球还是手球时，迪戈·马拉多纳机敏地回答："头球有一半是马拉多纳的，手球有一半是迪戈的。”

马拉多纳这个回答颇有心计，如果他直言不讳地承认是手球，那么对裁判的判决无疑是“恩将仇报”。但如拒不承认，就会有失“世界最佳球员”的风范。而这妙不可言的一句话，等于不但承认了球是手臂撞入的，而且又在规则上维护了裁判的权威。

生活需要善意的谎言

模糊应对，往往只是权宜之计，就像善意的谎言。我们应该了解到社会是一个复杂体，实话实说并不时时通用，在生活中，有时我们迫于无奈需要说些谎话来减少伤害。

在参加国庆60周年大阅兵的海军岸舰导弹方队中，有一位来自江苏大丰的战士，名叫王震。当他和战友一起自豪地走过天安门时，他还不知道他的父亲已在八月的一次车祸中去世。为了不让儿子过度伤心影响训练，他的母亲只是告诉他父亲受了点伤。每次王震要在电话里和父亲说话时，他母亲只是平静地告诉他：“父亲还在昏迷，不能说话。”以此让儿子全心全意地投入到训练中。

王震母亲这种善意的谎言背后隐藏的更多的是无私和奉献，更凝聚了深厚的家国情怀和对儿子无尽的爱与期望。

运用模糊的语言化被动为主动

在日常生活中恰当地使用模糊语言，能使自己有一定的灵活性。从交际策略的需要出发，有意识地使用模糊语言，能为自己争取主动。

楚灭秦时，刘邦、项羽各领一支兵马向关中进发，并按楚怀王之约，谁先入关，谁为关中王。结果刘邦先进了关，理应立为关中王。可是项羽自恃兵多，不仅自尊为王，而且打算将刘邦放到很远的南郑去。项羽的谋士范增知道后，极力反对这一主张，他对项羽说，南郑那地方，内有重山之固，外有峻岭之险，让刘邦到那里去，等于放虎归山。

项羽向范增道："有没有办法杀死刘邦呢?"范增顿生一计："等刘邦上朝时，大王问他，寡人封你到南郑去，你看如何？如果他说愿意去，就证明他想到那个地方养兵练将，日后好与大王争夺天下，您就下令将他绑出去杀了。如果他回答不愿意，就证明他不把大王放在眼里，也有理由将他杀了。"

项羽听后，欣然同意，待刘邦上得殿来，便问道："寡人封你到南郑去，你愿不愿意?"刘邦听后，知道不妙，略加沉思道："大王，臣食君禄，命悬于君手。臣如陛下坐骑，鞭之则行，收留则止。臣唯命是听。"项羽听后，无可奈何，只好改口说："南郑你就不要去了。"刘邦道："臣遵旨。"

面对项羽抛出的事关生死的难题，足智多谋的刘邦，巧妙借助模糊语言摆脱了项羽、范增所设的圈套。刘邦的回答既没有回避问题，又绕开了问题的核心点，使项羽无法抓住把柄。这正是模糊语言所发挥的作用。

运用模糊语言，委婉表达不满

在职场上，人际沟通时最难应付的往往是沟通情绪的部分。相信很多人已经观察或是亲身体验到了，委屈和怨气无处发泄的状况，在工作场所总是屡见不鲜。很多人会说，工作就是工作，不是来做情绪交流的。成熟的职场人当然不该表现出内心的情绪，更何况若是表达了负面情绪，很可能会伤害到自己与他人的关系，反而造成更大的麻烦。

对于一些非原则性的问题，要做到既能表达出对对方的不满，又不至于破坏和谐的人际关系，确实是一件不太容易的事，这种情况下，我们不妨运用模糊的语言，委婉道出自己的不满。

当双方陷入尴尬或僵局时，有些人由于情绪上的冲动，往往会在一些问题上互不相让。这种时候，切忌使用过激的言辞，应用模糊的语言委婉表达，使其明白自己的不满。相比直言不讳，这样的沟通更有利于职场关系的良性发展。

有时候，为了表达对对方的不满，我们可以借助幽默这个人际关系的润滑剂来达到目的。这个技巧可以帮助争论双方换一个角度来看待争执点，将严肃的话题淡化，而且又不容易激起对方的反感或压力，从而让双方停止无谓的争论，使交际活动得以顺利进行。

好事多磨的关键是不要轻言放弃

善于劝服他人是一项极其难得的能力。在求人办事的过程中，我们怀着一线希望开口请托，有时候会碰到对方找各种各样的借口和理由搪塞、推托和拒绝。大多数人出于自尊心作祟，或者权衡现实情况，会在这种情况下打退堂鼓。但也有一部分性格顽强、不达目的誓不罢休的人，他们会采用软磨硬泡的方式，磨出一个得偿所愿的解决办法。中国人常说好事多磨，好事多磨除了要讲究方式方法，更重要的是一旦认准目标，不要轻言放弃。

人生最大的遗憾是“我本可以”

我们的一生，始终会伴随着一场又一场的失败，很多人并不会遗憾于失败的结果，却往往后悔当初没有选择冒险试一下。人总是在患得患失中迷失了自我，自我沉沦，以至于不自觉地熄灭了心中的希望之火，继而带给自己更多的失败。

大学的时候，成嘉俊暗恋同系的一位名叫岳婷的女孩，岳婷漂亮善良、落落大方，两个人时常一起上自习，偶尔一起去食堂吃饭。成嘉俊觉得自己庸庸碌碌，配不上岳婷，十分肯定对方不会喜欢自己。于是成嘉俊就这样一直关注着她的一言一行、喜怒哀乐，默默地喜欢着她。

快毕业的时候，成嘉俊得知岳婷在毕业后将去北京读研究生。于是，在岳婷走的时候，成嘉俊很想向岳婷表白，哪怕是被她拒绝。可是最终，成嘉俊也没有将表白的话说出口，只是默默地目送岳婷离开。

两年后，成嘉俊偶然间遇到了一个大学里和岳婷关系要好的室友，得知岳婷曾经也偷偷地喜欢过自己。岳婷的室友跟成嘉俊说道：岳婷一直盼着成嘉俊能先开口捅破他们的关系，甚至在大学毕业离校走的时候还对成嘉俊抱有幻想。但是，成嘉俊始终没有开口，于是岳婷独自去了北京，前段时间见面，岳婷说起和男朋友会在研究生毕业之后结婚。成嘉俊听到这个消息，心中百感交集，更多的是懊悔。

本是一段很好的爱情，你有情我有意，却因为怕被拒绝而导致彻底失败。仔细想来，生活中，这样的事例比比皆是。我们由于不自信，往往用自己的主观想象来做出否定结论，进而做出消极的对策，这也为以后的遗憾埋下了伏笔。

软磨硬泡，达成目标

人的韧劲有时候有着巨大的力量，认准目标勇往直前的人通常不拘泥于形式，也不把自尊看作是神圣不可侵犯的禁区，这样的人可能会吃一些苦头，但终会有所成就。

在美国，曾经有一位年轻人生活一贫如洗，然而就是这样一个吃了上顿没下顿的人，心中却依然坚持自己的梦想：当演员，拍电影，做明星。

在当时的好莱坞，一共有大大小小数百家电影公司。他对这些公司做了具体的了解之后，制作了一份详细的拜访计划，然后带着自己亲手编写的剧本一家挨一家地毛遂自荐。第一遍下来，他被拒绝了数百次。但这数百次的失败却激发了这个年轻人的昂扬斗志，于是他又重新开始逐一拜访这数百家公司，然而第二轮拜访的结果依然是毫无所获。他有点失望，但却没有气馁，他咬咬牙，锲而不舍地开始第三轮自我推荐，结果很不幸，还是数百次冷酷无情的拒绝。这个年轻人有点难过，经过了短暂的调整之后，他逼着自己开始第四次行动。当他的第四轮拜访进行到第三百家电影公司的时候，有位老板突然说让他先把剧本留下来，等有空的时候他会看看。

几天后，这家电影公司的老板派人找到了他，请他前去详细商谈，商谈的过程很顺利，这家电影公司决定马上投入资金开始拍摄这部电影，并聘请这位年轻人担任男主角。这部电影名叫《洛奇》，男主角的扮演者是席维斯·史泰龙。

有些人脸皮太薄，内心又不够强大，经不住对方拒绝的打击，一次就败下阵来。还有一些人，还没开始求人就脸红，对方稍一怠慢就感到羞辱气恼，要么与人争执，要么拂袖而去。要敲开成功的门，首先不要怕伤自尊，保持足够的耐性，并且要根据实际情况，或硬缠或软磨，直至达到目的。

美国商人卡纳利说："我每到一个城市开一间新店，一开始，生意大多都是很失败的，但最后都成功了。原因就是我在失败以后，从来不会灰心，而是积极思考为什么失败，从失败中汲取教训和经验，然后努力寻找新的办法，一次不成再试一次，直到成功。"

很多人都有过这样的感叹，当他们觉得无法再坚持下去，选择中途放弃了以后，才发现原来成功触手可及，如果当初自己能再坚持一下，也许现在的自己已经站在梦想的舞台上。就像卡纳利一样，根本不能确定什么时候才能成功，所以在成功到来之前必须先学会失败。尽管品尝失败的滋味令人痛苦，可是也只有失败，才会让我们想尽一切办法去改变，直到最后发现成功的秘诀。